ニールス・ボーア研究所の訪問者アルバムに保存されている
1954年当時の坂田昌一の写真。(ニールス・ボーア・アーカイブ提供)

下宿のブロンステズ夫人が描いた坂田のスケッチ

名古屋駅からの出発を見送るE研ほかの人たち。
中央に坂田一家、左から伊都子、千鶴子、昌一、信子。その手前は有山裕孝、有山祥子。周囲は左から、大貫義郎、山田英二、田中正、松本賢一、廣川俊吉、丸森寿夫、小此木久一郎、下平孟、小川修三、岩田健三、小森博夫、高林武彦、田中良吉、三浦功、田ノ岡宏。有山兼孝氏撮影、4月25日

ニールス・ボーア69歳誕生記念撮影。
研究所の裏にて。CERN理論研究グループを含む。前列左から、一人おいて尾崎、二人おいてブロンストレーム、シュルツ（後はリンハート）、ニールス・ボーア、一人おいてヘルマン、ローゼンフェルド、一人おいてローゼンタール、坂田（後はヤコブセン）。最後部の右側6人のうち右から4人目はフリッシュ、一人おいてモッテルソン。9月14日撮影。

＜小さな人魚姫＞の像とメラー夫妻
港に近いランゲリニエの散歩路に沿った海岸の岩の上に、有名なアンデルセンの童話＜人魚姫＞の主人公の銅像がある。コペンハーゲンの象徴のように親しまれている。(坂田) 5月2日

コペンハーゲンのヨット・クラブ
コペンハーゲン港内の散歩路ランゲリニエに沿い、有名な＜小さな人魚姫＞の銅像は写真のすぐ右手にあたっている。ヴィーキング［ヴァイキング］の後えいであるデンマークの人々は海を好み、天気のよい日曜日などは、このあたりは大変なにぎわいである。(坂田)

アンデルセンの銅像
コペンハーゲンの中心部のコンゲンス公園にある。5月9日

ローゼンボー城
コペンハーゲンの中心部にある美しい古城。約300年前、時のデンマーク王フレデリック4世によって築かれたものである。現在は博物館としてデンマーク王室の所蔵になる宝物が陳列されている。外苑には春から夏にかけてサクラやライラックなどの花が咲きみだれて美しい。緑の木立の中には、アンデルセンが子供に童話の本を読んできかせている銅像が立っている。(坂田) 5月9日

ベレ・ヴィウの海岸
コペンハーゲンから電車で20分ほど北にゆくと、有名な海水浴場ベレ・ヴィウに着く。北ヨーロッパの冬は太陽に恵まれないので、コペンハーゲンの市民は暇さえあれば、日光と新鮮な空気を求めてこのあたりへでかける。海岸のすぐ近くまである美しい芝生にころがって日光浴をする。ここはディア・パーク（鹿の公園）の入り口で、10分ばかり馬車を走らせると鹿の住む森の中にゆくことができる。(坂田)

クロンボ城
シェラン島北端の町ヘルシンゲアにあるクロンボ城。シェークスピアの名作＜ハムレット＞の伝説で名高い古城である。毎年6月にはイギリスから著名なシェークスピア役者を招いて＜ハムレット＞の野外劇を演ずることになっている。(坂田) 5月30日

ニールス・ボーア邸の噴水の前で。両端がボーア夫妻。うしろの建物はカールスベア・ビール工場。6月26日

グラスゴー会議のエクスカーション。7月15日

塔の上からみたリーベの町
ユトランド半島にある古い町リーベ。霧雨の降る日、教会の上から、町を見下ろした光景。中央にはいったのはやはり教会の建物の屋根で、ニワトリの形をした、いかにも中世を感じさせる風見がついている。この町には、毎年コウノトリがやってくるので有名である。コウノトリの巣は、この教会の真下の煙突の上にもあった。(坂田) 8月22日

7年間日本で総領事をしていたラデリエール氏を森田たまとともに訪問。
左から、ラデリエール夫妻、森田、夫妻が日本にいたときから同家で働いていた高橋礼子。8月29日

1954年当時のコペンハーゲン

道路上の数字
1～20は市内電車の系統
21～44はバスとトロリーバスの系統
111～196は郊外バス系統

① C・メラー家
② 最後の滞在先（8月6日～10月22日）
③ 第二の滞在先（5月5日～7月5日）
④ 理論物理学研究所
⑤ 人魚姫の像
⑥ H・C・アンデルセンの像
⑦ 最初の滞在先（4月30日～5月5日）
⑧ コンゲンス・ニュットー広場
⑨ 市役所前広場
⑩ コペンハーゲン中央駅
⑪ 栄誉の家（N・ボーア邸）
⑫ カストロップ空港
L ランゲリニエ
S ストロイエ
━━ S電車路線

N
SORGENFRI
DYREHAVEN
KLAMPENBORG
Lyngby Sö
Bagsværd Sö
LYNGBY
JÆGERSBORG
BAGSVÆRD
ORDRUP
SKOVSHOVED
BUDDINGE
GENTOFTE
CHARLOTTENLUND
Gentofte Sö
VANGEDE
GLADSAXE
SÖBORG
KILDEGD.
HELLERUP
MÖRKHÖJ
EMDRUP
RYPARKEN
SVANEMÖLLEN
HUSUM
BISPEBJERG
UTTERSLEV
ISLEV
BRÖNSHÖJ
ÖSTERBRO
NÖRRE BRO
VANLÖSE
HOLMEN
RÖDOVRE
FREDERIKSBERG
VESTERBRO
CHRISTIANSHAVN
HVIDOVRE
VIGERSLEV
ISLANDS BRYG.
VALBY
Amager Fælled
L
S
1
2
3
4
5
6
7
8
9
10
11
12
0
1
2 km

デンマーク地図

スウェーデン
ユーラン（ユトランド）半島
リンケビング
オーフス
シルケボー
ヒメルビャオ山
小ベルト海峡
ヘルシンオア（エルシノア）
ヒレロズ
ヴィーン島（現在スウェーデン領）
コペンハーゲン
ロスキレ
大ベルト海峡
カストロップ
オーデンセ
リーベ
フュン島
シーランド島
ボーンホルム島
ドイツ
km
0 25 50 75 100

坂田昌一　コペンハーゲン日記

――ボーアとアンデルセンの国で――

目次

関連エッセイ・座談会

コペンハーゲンにおける坂田昌一の横顔

編者解説　小沼通二 246

参考資料

コペンハーゲン日記刊行に寄せて

名古屋大学素粒子宇宙起源研究機構長　益川敏英

先生がお亡くなりに成ってから既に四十年が経過してしまったが、ようやく刊行の運びと成り、遅ればせながら責任が果たせた思いである。

先生は湯川秀樹氏の研究協力者として素粒子論研究の第一歩をスタートするのだが、その後独自に湯川中間子と宇宙線中に見つかった粒子との矛盾を二中間子論で解決する仕事に始まり、C中間子論で朝永先生のくりこみ理論の端緒をつくる等、有名な複合粒子模型以外にも重要なお仕事を多く残しておられる。

先生は、旧制甲南高校の先輩で『自然弁証法』の訳者である加藤正より自然弁証法を学び、研究を進める際も研究がどの様な道筋で発展して行くのかを考察され、唯物弁証法の重要さを強調されて、多くの著作を残されている。

そして時折々にそれ等を短いスローガンにまとめ今何が重要で、どの様な視点が要るのかを示しておられた。「形の論理と物の論理」とか、「兼せ聴けば明るく、偏り信ずれば暗し」等。前者は複合粒子のモデルの発見の時期に重なっており、先生のお考えの神髄を目に見ている様な気分でお聞きし、得心していた。

また、「最良の組織と最高の哲学」が在れば凡人でも良い物理は出来る、坂田研究室には此れが在るから、君たちは良い研究が出来る、と研究の指針を与え同時に励ましておられた。

私が先生の研究室に加わった頃には先生は学術会議のお仕事や日中学術交流で大変お忙しくて、研究室に姿をお見せになった時は体を休めておられる時の様でもあった。だからお尋ねしたい事が在れば、それを幾つか溜めて、それを整理してから要領よく短時間で済む様にしていた。

その先生も今はおられない。我々に出来る事は先生のお残しになった文字の中にその答えを探す以外にその手段は無い。末尾に成ってしまったが、本書の刊行にあたり名古屋大学同窓会より助成を頂き、一一五名の個人の方々より寄付を頂いた。感謝している。

坂田日記の魅力

日本学術振興会理事　小林　誠

本書は坂田昌一先生がコペンハーゲンに出発される一九五四年四月二十八日から帰国の途につかれる同年十一月三日までの日記である。当時、先生は四十三歳であり、坂田模型を提唱される前年に当たる。

私の知る先生は一九六五年ごろから亡くなる一九七〇年までのことで、この日記より十年ほど後のことになる。大学院に入るとE研に所属し、坂田先生が指導教官であったが、残念なことにその途中で先生はご病気で亡くなられてしまった。従って、研究室でくつろがれる姿の記憶はあるものの、人間坂田昌一に触れる機会は少なかった。この日記はその穴を埋めてくれる。

日記であるので、日々の出来事の記録が中心であるが、街の様子や食べ物のことまで細かい描写もあり、初めての海外渡航に高揚する気持ちが素直に伝わってくる。見物を楽しみ、家族からの手紙を心待ちにする先生の素顔に接することができる。また、教科書でしか知らない研究者の名前がいたるところに登場するのも本書の見どころの一つであろう。

私が鮮明に思い出すことのひとつは学部学生の時に受けた量子力学の講義である。講義の内容はオーソドックスなものであったが、板書などをほとんどせずに考え方を話し続けられることがたびたびあった。後に先生の遺品を整理したとき、学会講演などでもきちんと原稿を用意され、それを残しておられたことを知ったが、おそらく講義で話される時も、一語一語選び抜いて準備をされていたのではないかと思う。

日記には研究面に関することのまとまった記述はほとんどない。幸い名古屋大学の坂田記念史料室にこの日記の記述に符合するいくつかの資料が残されている。たとえば、日記からは五月二十四日にボーア研究所のコロキウムで講演をされたことが読み取れるが、そのときの講演の原稿と思われるものが史料室にある。また、この時期に記された研究日誌も残されている。こうした史料と日記とを読み比べてみるのも興味深いであろう。

凡　例

本書は、物理学者坂田昌一の、一九五四年のデンマークを中心としたヨーロッパ訪問期間中の日記と関連資料をまとめたものである。日記の原本は見つかっていないので、残されたコピーを基にした(左頁参照)。

坂田は上欄に手紙の受信・発信の詳しい記録を残した(ただしすべてではない)。これは日付、曜日、天候の後にまとめておいた。受信か発信か不明のものは「受・発不明」としてその後につけた。上欄には支出記録もあり、食事のメニューが書かれている日もある。これらは横書きのためそのまま記録した。本文からはみ出した上欄の記述は本文内に戻し、その他は、その日の記述の最後に、「上欄メモ」としてつけた。文中の人名に＊とあるものは、巻末の「登場主要人名録」を参照されたい。

挿入されたスケッチ・写真は、特に付記のないものは坂田本人の手による。必要に応じて説明を付記した。また、写真の説明に(坂田)とあるものは、坂田が写真と解説を寄稿した『世界文化地理体系 第4巻 北ヨーロッパ』(平凡社、一九五五年)からの転載である。

表記は、原則として原文通りとし、明らかな誤りは訂正した。編者が加えた部分は［　］でくくり、著者の記述と区別した。地名・人名などのローマ字書きには、現地発音に近いカタカナを補った。ただし、日本で周知のものについてはそれを使用した。縦書きのローマ字はそのままにしてある。地名などのカタカナ表記には不統一があるが、著者の記述のままとし、読者の便宜を考え、必要に応じて元のローマ字を加えた。旧漢字は原則として新漢字に改めた。適宜、句読点と改行を加えたところがある。

今日の社会常識からみると、使用されない記述、不適切と思われる記述があるが、記録としての側面を尊重し、そのまま掲載した。

5 30 日 快晴

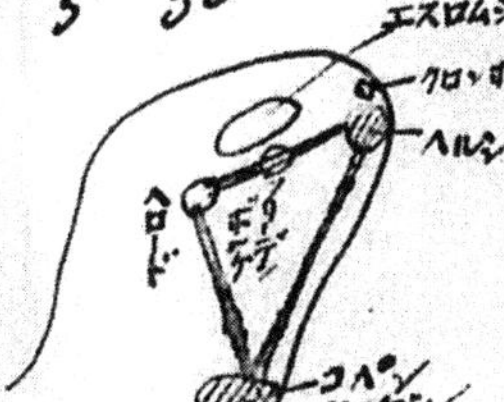

ÖSTERPORT－HELSINØR	4・10
HELSINØR－HELLERØD	2,30
HELLERØD－KØBEN	4.00 (3.20)
KRONBORG	1.50
アイス	50
アイス	50
APPELSIN	45
	80
ジェーファース エハガキ	1.00

九時起床。ミムス・Bが今日はどこへ行くかというのでエルシノアへ行きたいというと汽車の時間表をもってきて細かく説明してくれる。十時七分ÖSTERPORT発のエルシノア行にのる。海岸沿いに北へ進む。麦の穂波の緑が菜の花の黄に映えてとても美しい。白黒の斑牛、茶色の牛などが放牧の草原に放し飼いにされている。予定の十一時五十三分よりちょっとおくれて正午すぎヘルシノアにつく。スエーデン行きの客は近くの船の方へ歩いて行く。スエーデンのヘルシンボルグが指呼の間に見える。家々のなどがよく分り、人の歩いているのさえ分るくらい。五月末の太陽の光はまばゆい。北へやゝすすむと海岸の東北にクロンボルグ城が見える。城の中へ入るには大分まわりみちしなければならず、四五丁歩くと城の北側へ出る。そこから城へ入る路がついている。城内で絵葉書四枚をもとめる。城の中へ入るには切符がいる。一・五。（[illegible]）でます。まず二階三階を見て歩き博物館へ入る。海洋博物館へ

コペンハーゲン日記

一九五四年　四月二十八日〜十一月三日

四・五月——研究所とデンマークの生活に慣れる

四月二十八日(水)

昨夜来荷物の重量が三十キログラムを超えそうに思われたため、荷物のことのみ頭にあってなかなか寝付かれなかった。明方に幾分か眠れたようだが、早朝に起き出して荷物の詰め替えを行う。信子がボーイにたのんで東京駅の小荷物係まで荷物を運ばせ重量を計った結果、大丈夫らしいとのことで安心する。七時半ごろ食堂にいって朝食をとり信子は音羽へパジャマその他、残りの荷物をとりに行き、小生は散髪をする［編注1］。両人共十時頃部屋へ帰り、直ちに交通公社に航空切符を持参したのち、松島眼鏡店へ一昨日注文した眼鏡をとりに行く。同店でさらにワルツの露出計と天然色［フィルム］用のフィルターをもとめたのち、銀座通を歩きコロンバンでビスケットを買って音羽に持参する。音羽には小生の送別のため［柿内］賢信夫妻、小林夫妻、及び利子ちゃん、林夫人、荒木夫人及び梢ちゃん、加藤夫妻等が集まり昼食を共にした。皆から餞別として五千円をもらう。三時、音羽を出てホテルに帰り、今一度荷物の重量を確かめたのち、駅に文彦をむかえに出かける［編注2］。途中、小此木［久一郎］君と会い、一緒に行く。

文彦元気に到着。一旦ホテルに行ったのち、小此木君をも伴い、銀座西の吉村に赴く。父母、民雄夫妻すでに到着、我々を迎える。直ちに食事をはじめると、そのうちに忠雄と大倉の叔父が到着。

信子と二人は七時にホテルに引き上げる。ホテルのロビーに黒田氏が待ちうけておられる。七時半交通公社の長谷部氏来り、四名で羽田に赴く。途中吉村により、父母、忠雄、民雄夫妻、小此木君らも別の自動車で羽田にむかう。羽田にはすでに島津、藤村両君が待っている。

先ず荷物の重量を測りチェッキ［託送手荷物品］と携帯品を分かち、そこで飛行機の座席券をもらう。次に税関での荷物の検査、出国手続き等を終え、待合室にもどる。梅沢氏の母堂並びに長兄と次兄、村山氏の父君らが見送りに来られる。

九時半過ぎ、漸く飛行機に乗る。座席に荷物をおいたのち、再び入口に出て見送りの人達に手を振る。しかしむこうの顔は分らない。

飛行機の同乗者には日本人の顔が多く両隣とも日本人だ。右隣は三菱セメントの技師の寺田君、左隣は朝日新聞の論説員笠信太郎氏だ。寺田君はコペンハーゲン迄。笠氏は夫人を同伴されて、ローマまで乗船の由だ。

飛行機のドアが閉じ、いよいよ出発だと思うと何となく不安だ。殊に飛行機はこれ迄全く経験がないのでベルトをしっかりしめろというサインが出るとますます心細い。プロペラが回転し、爆音が急に強くなると機体は走り出し、段々空へ昇って行く。三千米の高度をとるというアナウンスがある。機体が昇りきると動揺も少なくなったが爆音が甚だしくうるさい。そのうち事務長とサービスガール〔客室乗務員〕が前の座席の裏についているポケットの中から盆をとり出し、各自の椅子の前にとり付ける。丁度赤ン坊のおぜんのようだ。

事務長がウィスキー、ワイン、シェリー等を運んでサービスする。スチュアーデスは伊勢海老のサラダをもってくる。夜食のつもりらしいが、夕食に御馳走を食っているのであまりほしくなかったが、美味しいのでつい平らげる。北欧の薄いほしパンがとくにめずらしい。食後ねむらんとするも爆音と一抹の不安のため眠れぬ。

編注1　信子夫人の両親が音羽に住んでいた。
2　三人の子供、伊都子、千鶴子、文彦は、当時それぞれ中学校二年、小学校六年、小学校四年だった。

四月二十九日（木）

うつらうつらするうち午前二時ごろ急にベルトをしめろというサインが出た。バンコックまで直行するように時間表が出来ていたので事故でもあったかとドキリとしたが、オキナワに着陸することが分り一安心する。

オキナワでは飛行場のレストランでアイスクリームのサービスをうける。米軍基地の色彩が濃い。約一時間ののち出発。バンコックまで8時間飛ぶというアナウンスがある。あいかわらず眠れないうちにだんだん空があかるくなってくる。窓から外を見ると左手に島が見える。台湾よりは小さそうで形も異なる。

右手の下に見えるサンゴ礁は丁度孔雀の眼のようで美しい。間もなく陸地にさしかかる。多分インド支那らしい。深い山が連なって美しいが、ここでは尚、熱い戦争が続いているのだと思うと胸が痛む。九時に朝食をはこんで来る。オムレツ、マーマレード、チーズ、コーヒー等。タイに入ると平原がつづき米産地であることを思い出させる。バンコック到着は東京時間十一時五十分。大分遅延している。飛行場ではスゲ笠のようなものを冠った人夫が草を刈っている。十三時三十分に出発。ラングーンにむかう。

ラングーンに入るころ飛行機は大分動揺する。十五時到着。十六時の出発である。ラングーンの飛行場は暑い上にウスキタナイ。アジアの貧困を示している。パゴダがよく見えると寺田氏から教えられ窓外を見ると、金色に輝くパゴダがあたりを威圧している。十八時夕食。ハヤシライスだがライスがビルマ米らしくてものすごくかたい。カラチまで8時間の航程。ガンジスもヒマラヤも見えない。

カラチ到着東京時間一時〇分。カラチの飛行場は甚だしく官僚的だ。注射の証明の申告を行わせたり旅券の検査その他のために、いくつかの部屋を形式的にぐるぐるまわらせたりする。この国の後進性とアジアの貧困とを強く感ぜしめる。飛行場は改装中であった。夜分にもかかわらずものすごい蒸し暑さで、こんなところでは頭の働きも鈍り、とても高い文化が栄えそうに思えない。二時に出発。一路カイロにむかう。三時に食事。余り食欲がない。いくぶん眠ったのち七時半起床。

四月三十日（金）

カイロ到着、三十日午前三時半［原注　局所時になおす（時差七時間）］。さすがここの飛行場の建物はこれまでのに比べ遥かに豪華で美しく、ヨーロッパに近くなったことを感ぜしめる。あたりは真暗で星がふるように輝いている中に、丁度建物の真上のあたりの空に鎌をといだような三日月が浮かんでいるのがきわめて印象的で、この国の旗を想い出さしめる。豪華な食堂に連れてゆかれ、エジプト人のサービスで朝食をとる。紅茶がいくぶん塩分を含んでいてからい。

四時半カイロを出発。あたりはあかるくなってくる。ピラミッドを見ようとしたが、どこにあるか分らない。ナイル河も見えないが、ナイルが氾濫したかのような形をした河が流れており、そのうち左手に砂漠が見えはじめる。東の空にはもう太陽が上りはじめた。そのうち地中海に出る。いよいよヨーロッパだ。右手に美しい島影が見えてくる。ギリシャにちがいないと思い、地図を見るとクレタ島とのこと。クレタ島の上空を飛ぶとき山の頂に雪が残っているのが見える。アテネに近い。ギリシャ本土もやがて姿をあらわしてくる。上欄メモ1

アナウンスにより伊太利半島の靴のかかとのあたりにさしかかったことを知る。半島を横切り再び海に出てローマにむかう。ヴェスヴィアス山を見ようとしたがよく分らない。そのうち飛行機は高度を下げはじめる。丘陵の多い美しいローマの町が見えてきた。

ローマ到着九時半（時差八時間）。同行の笠夫妻、中谷関大教授、伊藤庸二工博らはここで下りられた。飛行場は非常に美しくヨーロッパ文化の高さを思わせる。食堂でコーヒーのサービスを受けたが、余りうまくない。ティヴェル河の水をのみながら、国際郵便会議に出るインドネシア人と話をする。十一時ローマを出発。ローマの市を見せるためか、飛行機はゆるやかに町の上を旋回する。古代ローマの遺跡らしいものが見える。再び海上に出て海岸線に沿って北上する。アドリア海のコバルト青がまことに美しい。

アナウンスによりトリノの上にいることを知る。もうスイスとの国境にちかく、アルプス越えのため五千米の高度をとっている。雲の波の中に雪のある山が顔を出している。モンブランだとの声がする。ヨーロッパ第一の高山だと一人の外人が教えてくれる。時間は十二時四十分。飛行機が高度を下げはじめた。美しい湖が見えてくる。もうジュネーヴだ。湖の西側に着陸する。時刻は十三時二十二分。郵便会議出席の松井氏らが降りられる。スイスの飛行場は牧歌的美しさをもっている。国際観光国らしく、時計その他の土産物が美しく陳列されており、各国の人々がいろんな飛行機を待ち合わせている。もう全くヨーロッパの中央部に入ったという気持になる。十四時十分出発。

十五時五十分フランクフルト・アム・マインに到着。同行の第一通商社長今井氏が降りられた。ハンブルグ行きの飛行機に乗りかえられる由。ここの飛行場は新しくて美しい。あたりは遊園地のようになっていて子供用の汽車が走り、池のまわりには各国の旗が美しくひるがえっている。ここでもドイツ製品が美しく陳列されている。

十六時四十分出発。いよいよコペンハーゲンにむかう。まどの下にマイン河が美しくながれている。日本人同行者はもう寺田氏ただ一人。食事をもってくるがさすがの長旅につかれ、胃がくるしく食えそうもないので断ってしまう。ゲッチンゲンのあたりを一路北にとび、事務長のもってきた出国［正しくは入国］手続きの書類に書入れを行っているうち、もう高度がさがりはじめコペンハーゲンが見えてくる。コペンハーゲン到着。十八時三十分。

もう降りる人の数も少なくなんとなく寂しい気持ちがする。入国手続きはきわめて簡単にすみ、荷物の検査所に行く。チェッキにした荷物がやってくるのを待ち検査をうける。大きい荷物はバスではこんでくれるというので頼むと、メラー教授［Møller, C. *］が入り口から顔を出される。自動車をもってきたから荷物を全部もってこいといわれるので、さきに頼んだ大きな荷物を又とり返しに行くと、むこうで自動車までもってきてくれる。ニールセンという人から東京から何か荷物を持って来るようことづけられなかったかと聞かれるが、心当たりがないので妙な顔をしていると寺田氏の方に行き話が分かったらしい。

メラー教授は自動車のうしろに荷物を入れ、話をしたいから運転台に乗りなさいといわれる。自動車はコペンハーゲンの中心にむかってすすむ。実に清潔な美しい町だ。カナル［運河］を渡り右にまがるとすぐにパンション・ステラに着く。上欄メモ2

荷物をもってエレベーターにのり二階に上がるが誰も出て来ない。エレヴェーターも自分で操作できるようになっている。そのうち三階から誰か顔を出し、呼びリンを押せという。リンを押すと中から中年の婦人と少女が顔を出し、部屋に案内してくれた。

メラー氏は早速用件を話そうといわれ、
一・明日午後二時までにDr. S・ローゼンタール［Rozental, S.＊］を研究所に訪問すれば金がもらわれ、又部屋の割当もうけられること。
二・今夜家に客があるのでもし疲れていなかったら、あとで来てもらいたいこと。（これは疲れていて眠たいのでといって断る）
三・日曜の朝、自動車でむかえに来て市内見物をしたのち自宅で御茶を一緒にのみたいがどうかとのこと。（これは承知する）
四・月曜には二時からコロキウムがありd'Espagnat［デスパニア、フランスの物理学者］のメソンニウクレオン散乱の話があるとのこと。
右の四点を話されたのち、明日研究所に来るのにタクシー代がいるだろうといって二〇クローネをおいて帰られる。玄関まで送って行く。荷物の整理をして、風呂に入り八時ごろ就床。

上欄メモ1　名古屋、鎌倉にハガキをかく［編注］。
2　二、三日パンション・ステラにいるとそのうちヘルマン［メラーの秘書］が別の広くてやすい部屋を世話してくれるとのこと　Pension Stella, Bredgade 29

編注　名古屋は自宅。鎌倉は両親の家。

五月一日（土）晴

［受信］Curie-Joliot の手紙をうけとる［編注1］

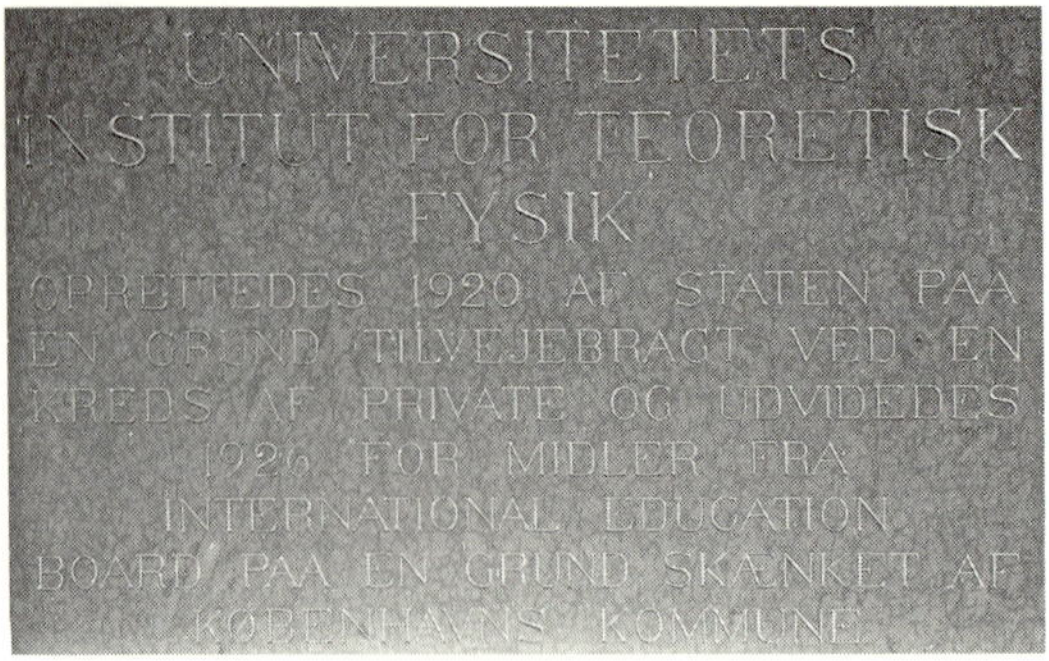

研究所の銘板
「大学附置理論物理学研究所
1920年民間より寄贈された敷地に
国が建物を設置し
1926年国際教育会議の資金援助を受け
コペンハーゲン市より提供された敷地に
拡張された」とある。
（ニールス・ボーア・アーカイブ提供）［編注2］

朝早く起床。荷物整理を行い、地中海の上で書いた葉書に書き足し等をする。洗面所に行くとき誤って部屋に鍵をかけ困惑する。

朝食は四切のパンに紅茶、牛乳、チーズ、バター、マーマレードがついている。十時半に部屋を出て研究所迄歩いて行く。途中でえはがきを買い、速達を出し、デンマーク語の本を買う。

研究所の事務所に行くとローゼンタールが出てきて、今皆食事をしているからサンドイッチの買い方を教えようといわれ、通りのパン屋までついていってくれる。そこでスイスのアルダーに会う。スモール・ブレッド三つを買い研究所に帰り、アルダーに案内され食堂で昼食をする［編注3］。ミルク、卵、紅茶等をもらう。

デンマークのウィンター、ユーゴスラヴィアのツパンチック等に紹介される。一時迄図書室で待ち、再びローゼンタールの部屋に行く。ボーア［編注4］の秘書、シュルツ夫人から部屋の鍵と金五〇〇クローネをうけとったのち、ボーアの部屋を見せてもらう。ローゼンタールの案内で研究所内を見学する。小生に割当てられた部屋はエスパニアと同室。

研究所を出て裏の公園に行くとメーデーの行進がやってくる。写真機を取りに電車で宿に帰り、再び出て来た時にはもう集会は終了しており人々は引き上げたあとであった。仕方なく再び電車で帰宅する。

快晴にめぐまれているがローゼンタールによると、この天気は小生が日本からもってきたのだそうだ。

編注1　ジョリオ・キュリー［Joliot-Curie, Frédéric］は、キュリー・ジョリオとサインしたことがないので、一人からの手紙か、妻のイレーヌ・キュリー［Curie, Irène］との連名の手紙か不明。

2　国際教育会議は、第一次世界大戦による被害を復旧するため、ロックフェラー・ジュニア（J.D. Rockefeller, Jr.）が提供した資金によって一九二三年に設立された。

3　「スモール・ブレッド」小さなパンではなく、パンの上に具を乗せたオープンサンドイッチ。smørrebrød（smør はバター、brød はパン）。信子夫人への五月二日付のハガキには「SMØLEN《ママ》-BRODというデンマーク特有のサンドキッチの買い方を教えてもらい、INSTITUTEの食堂で食事をしました。」と書かれている。この言葉の発音は日本人にはほとんど不可能なため、以降の日記でも、カタカナ表記が揺れている。

4　Bohr, Niels ＊　コペンハーゲン大学理論物理学研究所所長

五月二日（日）晴

六時起床。八時半に朝食。十時過ぎメラーから電話で二時にむかえに行くとのこと。昼食をとるため散歩に出かける。ブレグラーズを東にフレデリック［ス］・チャーチに至り、南に曲がってアマリエンボルグ宮殿の前に着く。毛帽子の衛兵がペリオディク・モーションをやっている。そこで一枚写真をとったのち再び東に向かいイングリッシュ・チャーチに至りレストラン「グロニンゲン」で昼食をとる。

二時メラー夫妻、自動車をもって迎えに来られる。ブレドガーズを東へ、マーブル・チャーチ［フレデリックス・チャーチの別名］の前を南に、アマリエンボルグ宮殿の前を東へ、イングリッシュ・チャーチの前をさらに東につきぬけ、「リトル・メール・メード」［Little Mermaid（Den lille Havfrue：人魚姫）］の前で一度車からおりる。メラー夫妻をメール・メードの像の横に立たせてシャッターを切る。［口絵写真参照］風が非常につめたい。車はフライハーブン［関税自由港］をとおり海岸線に沿って北にむかう。避暑地らしく別荘風の家が多い。ワラぶき屋根の家が所々に見られるのは、日本の田舎を思い出さす。海のむこうにはスウェーデンの海岸が見える。チコ・ブラーエの生れた島も見える［編注］。鹿の住むディア・フォレストを左に見ながらさらに北上したのち、別のみちをひきかえす。所々に林が沢山あるが、未だ新緑の芽がでておらず灰色に見える。もう二週間もするといちどきに緑になるとのこと。林の中には池がいくつか見えて美しい。日曜な

10.40kr (tip 2kr)
［グロニンゲンでの支払い］

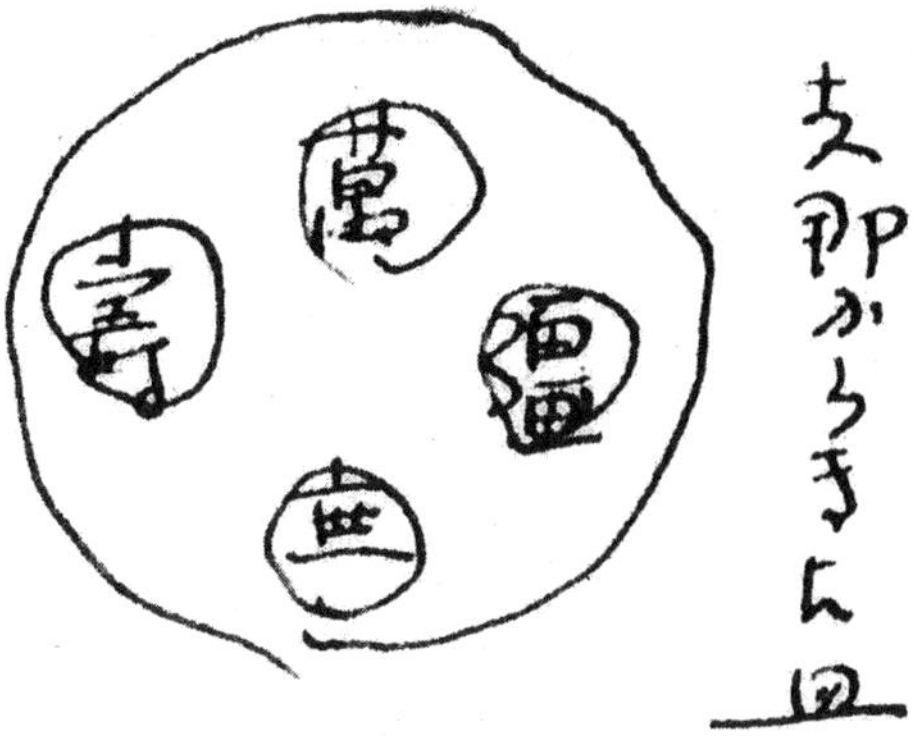

メラー家にある中国の皿
文字は「萬壽無疆」

のでピクニックの客が賑わい、恋人同志が語らいあっている姿が目に付く。自動車が池の近くを通ったとき、若い男女が熱い口づけをしているのに出会う。芝生の緑があかるくて実に美しい。服装も明るい色をきている人が多い。すべてが渾然と一体になり絵のように美しく、全くお伽話の国にきたような気持がする。

メラー氏宅の御茶に呼ばれたので立寄ると息子さんとその女友達が出むかえてくれる。庭先で写真をとらせてくれというと夫妻と娘さんがならぶ。緑の芝生の中に黄水仙が美しく咲きみだれている。

室内に入ると部屋中に美しい花がたくさんおかれており、まるで温室の中のようだ。湯川教授からおくられた北斎の富士山の絵、昨年名古屋市からおくられた鳩のおきもの、愛知県からおくられた七宝焼きの皿、豊田氏のおくった打出の小槌のついた布などが飾られており、ここもお伽話の国のように清潔

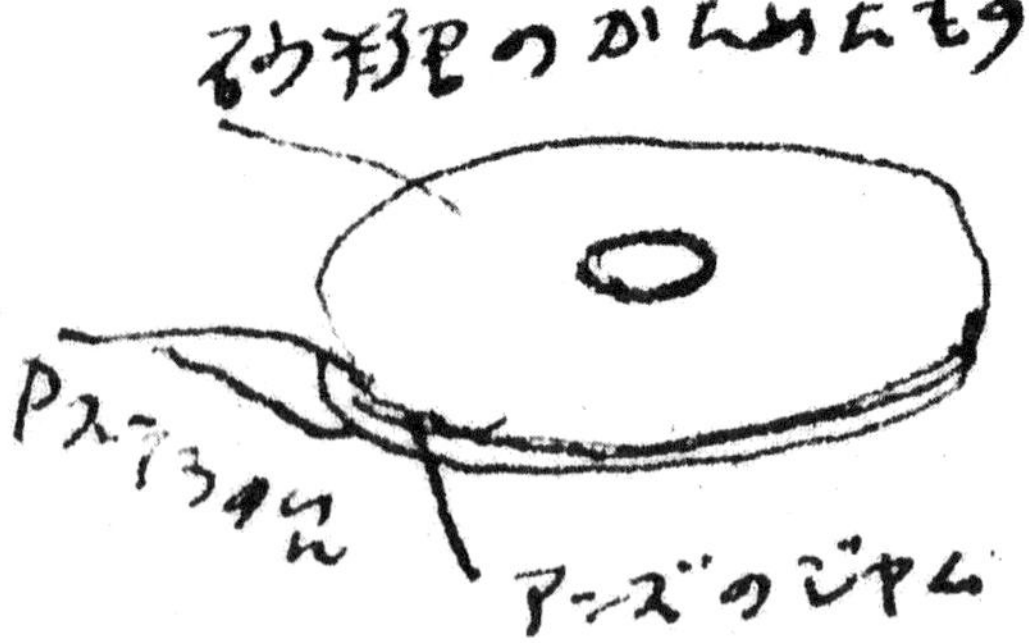

メラー夫人の手作りケーキ。カステラの台にアンズのジャム、
その上を砂糖で固めてある。

で美しい。この家は二年前に建てたが戦後なので高くついたとのこと。庭にはいろんな小鳥がやってくる。夫人が小鳥の図鑑を出して、今鳴いているのはこの鳥だと説明される。

紅茶とケーキが運ばれる。菓子はすべて夫人のこしらえられたものでビスケット、カステラ、バースディケーキ式の大きなもの等がでる。

令息は二十一歳で工業大学に、令嬢は十五歳でギムナジウム［高校］に在学中とのこと。令嬢は最近成人式を祝った許りだといって、三週間前にとった大人のドレスを着た写真をみせられる。いろんなポーズがあり、どれがよいかとのこと。

最近買われた許りのグラモ・フォーンでアイザック・スターンの弾くモツアルトのヴァイオリン協奏曲（コロンビアＬＰ）を聴く。ヴァイオリンの美しい調べがこの部屋とよく調和している。日本の古典音楽のレコードが欲しいとのこと。

半日のゆかいな時間を感謝してかえろうとすると自動車で宿まで送り届けるといわれる。上欄メモ
夕刻宿を出て①番の市電にコンゲンス・ニトロフ広場から乗りティボリ［遊園地］の近くでおりる。日曜なので人通りが繁く、ティボリの中も混雑している様子だ。中に入らず中央ステーションにいって絵葉書を買い、再び①に乗って帰る。途中で夕食のためスモルブレッドを三個求める。風呂に入り九時就床。雨の音がきこえる。

上欄メモ
・Møller 氏は九時に起床、午前中に研究所に行くことは講義の日のほかにはない。
・研究所では人と話をすることが多くて研究ができない。

編注
坂田が見た島は、コペンハーゲンのあるシーランド (Sjelland) 島とスウェーデンの間を隔てるウアスン (Øresund) 海峡の中央にあるヴィーン (Ven/Hven) 島である。チコ・ブラーエ（一五四六―一六〇一）はこの島の領主になり、ここで天文観測を行った。生まれたのは現在スウェーデン領になっているスカンジナビア半島南部のクヌツトープ城内だった。

五月三日（月）曇

［発信］　葉書　信子、E研［編注1］、湯川氏、小林氏、亀フチ君［亀淵迪］
　　　　手紙　グラスゴーへ

午前四時に目がさめる。もう外は明るい。八時半朝食。部屋でぐずぐずしていて十一時に外に出る。近くの書店で*Danish made easy*［デンマーク語入門書］を求める。郵便局にて昨夜書いた手紙を出す。市電にのって研究所に着くと十二時に近かった。部屋に荷物をおき事務所の方に行くとメラー教授に出会う。ボーア教授に会うかといわれるので、今会ってもよろしいだろうかと尋ねるとSecretaryにきいて見ようといわれ一緒にSchultz夫人のところに行く。二、三分待てば会えるとのこと。

メラー氏はオーゲ・ボーア［Bohr, Aage ＊］と話があるといって出ていかれる。少し待つうちにボーア教授がでて来られ、部屋に来るようにといわれる。部屋に入り、椅子にこしかけて暫く話す。仁科［芳雄］氏の家族のこと、高嶺［俊夫］氏のこと等を尋ねられる。また一九三七年に日本を訪問されたときの話なども出る。

部屋に戻るとエスパニアが昼食に行こうというので、研究所の前のパン屋でスモレンブレッドを二個もとめ食堂に行く。すでにメラー教授が来ておられ、自分の近くに座れといわれる。牛乳をもらって座席に着くとコフド・ハンゼンやクリステンゼンに紹介される。またスウェーデンのルンドから来た人にもあう。メラーから原君たちの論文がついたので、いつか簡単に紹介してくれとのこと。パイスの新理論は未だしらないとのことで、明日リプリントを見せる約束をする。

そのうちインドのボンベイからやってきたピータースが来る。二、三日滞在してゲッチンゲンに行くとのこと。インドから船で二週間かかってやってきたのだそうだ。昨年ババ[Bhabha, Homi J.：インドの物理学者]に会ったことを話すと、どうせ帰りに飛行機でインドを通るならボンベイに寄れとのことで手帖を出して小生の名前を記入する。メラーの求めにより明日午後四時からHeavy mesons and Hyperon[重中間子と重核子]という話をしようということに決まる。

メラーが、ヘルマン夫人が来たといって直ちに紹介してくれる。夫人は話があるからあとで一緒に部屋にきてくれとのことで、夫人の食事がすむのを待って部屋に行く。早速下宿の件で、種々親切なアドバイスをしてくれる。今のところは高いということ、三食付にすれば昼の弁当までつくってくれるということ、デンマークの家庭に入ればデーニッシュ・ライフを味わうことができること等を話し、デンマークの絵かきさんのところに部屋があるがどうかとのこと。最近まで英国から来た人がいた由で、三食付月四五〇クローネだそうだ。一体いくら金をもらうのかと尋ねるのでメラーにきいてくれというと、直ちに電話をかけ三千クローネ使えるとの返事だった由。そんなら四五〇で話してやるから、一度部屋を見にいって来いという。明日の十時ごろならよいというと直ちに電話で先方に連絡し、所書を書いてくれる。上欄メモ　部屋に戻り、エスパニアと暫く話したのち、グラスゴーの会への申込書を速達で出すために事務室に行く。丁度ローゼンタールも居り世話をしてくれる[編注2]。

二時からコロキウム(十五分許りおくれる)。担当者はエスパニア。メゾン・ニウクレオン散乱のコバリアント・トリートメント[共変的取扱い]についてレヴィのやった仕事の紹介がある。式はすべて前以って黒板に書いてある。ファインマン・カーネルに対する積分方程式をベーテ・サルピータ流の波動関数の積分方程式に書き直し、これを解こうという形式論で、余り面白くない。ときどきメラーとクリステンゼンが質問するだけで、余り討論はなく、三時半には終了。皆食堂に行って御茶を呑む。メラーとピータースがしきりにオッペンハイマー［Oppenheimer, J. R.］の話をしているらしいが英語がよく分らない［編注3］。五時に研究所を出て帰る。

途中でエーログラム五枚とスモーレンブレッド二個をもとめる。六時半ごろから床に入り横になっているうちねむってしまう。七時半ごろ目があいたが朝と間違えてしまう。再びやすみ一時ごろまた目がさめ日記をかく。二時半床に入る。

上欄メモ　Brøndsted, Strandvej 22

編注1　「E研」とは、名古屋大学理学部物理学教室の素粒子論研究室のこと。Eは、ドイツ語のElementarteilchen（素粒子）の頭文字。

2　「グラスゴーの会」とは、この年の七月に英国で開催されることになっている「一九五四年原子核および中間子物理学グラスゴー会議」のこと。編者解説参照。

3　米国の代表的理論物理学者であり、原爆開発の責任者でもあったオッペンハイマー（一九〇四―一九六九）は、水爆開発に反対した。米国で吹き荒れたマッカーシズム旋風の中で、戦時中から非米活動を行っていたとして糾弾され、この日記が書かれた時期の四月十二日から五月六日まで原子力委員会の秘密聴聞会に喚問中であった。その結果、プリンストンの高等研究所所長以外のすべての公職から追放された。しかし一九六三年になって彼の名誉は回復された。

五月四日（火）晴　［発信］　葉書　Kotani［小谷正雄］　Ariyama［有山兼孝］　Ookura［大倉亀］

六時起床。荷物の整理をやったり、パイスの論文に目を通したりして九時半ごろ宿を出る。⑨番の市電でStrandvejに行き、ブロンステズ［Brøndsted, Knud.＊］を尋ねたがなかなか分らない。ようやくたどりつくと中から温和な老婦人がでてきてあたゝかく迎えてくれる。部屋に通ると老人がおり、婦人から自分の夫であると紹介される。彼は芸術家で彫刻や絵をかく。少し雑談をしたのち部屋を見せてもらう。アトリエをとおって階段をおりると南向きの手頃な部屋がある。先達てまで伊太利のガンバ［Gamba, A.］がいたとのこと。大変気に入ったというと喜んで、何時引越してくれるかときくので、明朝十時ごろと答える。

同家を辞して研究所に行き、パイスの論文を読む。四時からピーターースの話をきき、六時ごろまたスモールブレドを買って帰る。食後葉書を出しに駅まで行き、帰りにＴＩＶＯＬＩに入る。中には芝居小屋、音楽堂、遊技場、レストラン等あらゆる種類の娯楽施設がある。一巡して音楽堂で音楽を聴く。帰りは宿まで歩く。風呂に入りケーキを食べて寝る。

プロカ［Proca, A.］とアマルディ［Amaldi, E.］より手紙をもらう［編注］。

ブロンステズ夫妻

編注　ルーマニア生まれでフランスのプロカ、イタリアのアマルディは、ともに前年の理論物理学国際会議に来日した。坂田と交流の深い物理学者たち。

五月五日（水）曇　［発信］letter 信子　Umezawa［梅沢博臣＊］　E研

六時起床。八時頃朝食を運んで来る。昨日ヘルマン夫人から電話で今朝引越すことが告げてあったので、勘定書きをもってきてくれる。六〇クローネ五〇オーレ（チップ15％込み）。支払をすませるとタクシーを呼んでくれる。

ブロンズステズ氏の宅に着き、呼び鈴を押すと彼がにこにこしながらでてきて部屋までつれていってくれる。お茶のごちそうになってから研究所に行く。弁当まで用意してある。昼飯のときハーバス［Havas, P.］といろんな話をする。小林［稔］君のこと、森永［晴彦］氏のこと、その他。彼は今action at distance［遠隔作用］の研究をしている由。プリンストンとどちらがよいかと尋ねると、こちらの方がよいとのこと。その理由はこちらの方が皆と親しくなれるからだそうだ。プリンストンでは皆、ひるめしに家にかえってしまうそうだ。小林君のうちではじめて日本料理を食べたとのこと。オッペン［ハイマー］の件は舟の中で聞いた由。

午後メラー教授が部屋に来られ、まず土曜の三時半に宅に種々な人がくるからこないかと誘われる。そこでyesというと来週のコロキウムはアルダーがやるが、その次くらいにPais［パイス］その他の理論のsurveyをやってくれないかとのこと。英語が下手だがやってみようと答える。同室のエスパニアは早く帰ってしまう。小生は六時半が夕食だとのことで六時ごろまで研究所にいて帰宅する。帰ったときブロンズステズ氏は草花の写生をしている。夕食には知合の娘さんが一緒だ。彼女は弁護士の事務所につとめている由。町の中心にいるのでときどき緑を見に来るのだそうだ。夕食のメニューはカレー・スープに米のめしを入れたもの、及びハンバーグステーキにジャガイモ、ニンジン、グリンピースのいためたもの。オレンジとコーヒー、それにビール（三人で一本）。タック、フォール、マーズ［Tak for mad.：ごちそうさま］という言葉を教わる。

九時半ごろ再びお茶に呼ばれる。今日丁抹［デンマーク］が九年前に解放された日だとのこと［編注］。昨夜は各家庭で窓ごとにローソクをともして御祝いをやったそうだ。そういえば昨日駅からの帰途、教会の前でそんな儀式をやっていたようだ。

編注　第一次世界大戦では中立を守ったデンマークだったが、一九四〇年四月九日にナチス・ドイツ軍が侵入。数時間で降伏して占領下におかれた。一九四五年五月五日に連合軍によって解放された。ヨーロッパにおける第二次大戦終結の三日前だった。

五月六日（木）晴　［発信］letter　良次君

六時起床。九時まで論文などを読む。九時食事。上欄メモ　十時家を出てもとの宿に行き、帯を忘れなかったかと聞くがなかったとのこと。文房具店で便箋を求め、研究所に行く。一日コロキウムのためのマニュスクリプトを書く。*Some Recent Works in Japan* という題にきめる。六時帰宅。晩めしをすましブロンステズ夫妻とともにピアノとセロの演奏会に行く。曲目はベートーベンのソナタ作品五番と六十九番及びブラームス　ソナタ作品九十九番。十時帰宅。

上欄メモ　ベートーベンとブラームスのセロをききにゆかぬかとすすめられる。

五月七日（金）曇　夕刻雨　［発信］letter　柿内、柿内(賢)、湯川二郎、物理教［室］、信子、民雄、朝永、山本、井上、豊田

八時起床。九時朝食。十時半研究所。原稿を書く。四時駅に行き絵はがき、地図等を求め⑭で帰宅。六時半夜食。九時半お茶。十時入浴。

廊下でギリシャのファリエロスと話す。豊田君と一緒に町に行ったことなど。

五月八日(土)晴

[受信] 手紙 信子の5月4日に書いた手紙をうけとる

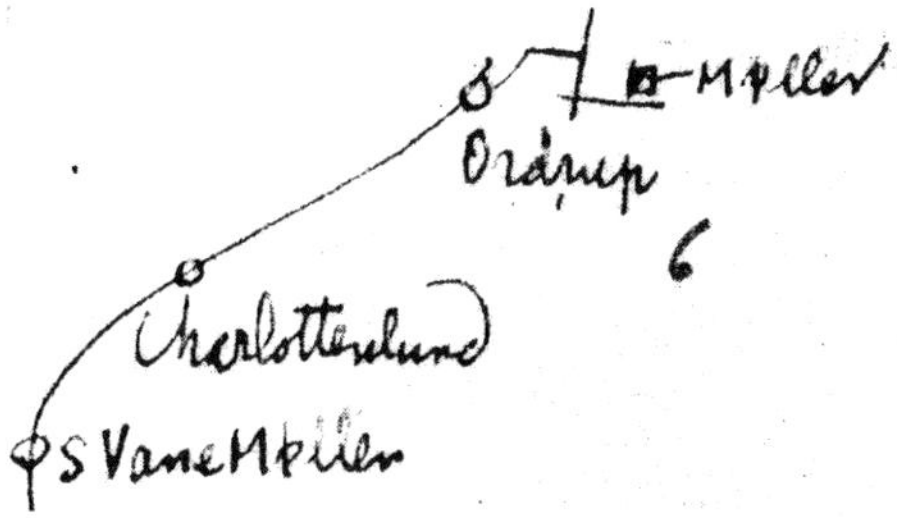

宿の近くのSvanemøllen(スヴァンメーレン)駅からMøller(メラー)家までの略図。汽車でCharlottenlund(シャロッテンルンド)駅経由、Ordrup(オーズルップ)駅から徒歩。

七時半起床。九時朝食。五月四日に信子、伊都子、千鶴子、文彦の出した手紙が今日ついている。外国で家からの手紙をうけとった位うれしいことはない。郵便局で葉書を出す(一〇クローネ四十五オーレ)。今日は土曜日なので昼食に食堂に行っても余り人が集っていない。一時半研究所を出て裏の公園を抜け宿にかえる。スヴァンメーレンから汽車に乗りオーズルップへ行く、スヴァンメーレンの駅でアドラーとニールセンにあう。オーズルップでおりるとハーバスにも出会い、四人でメラー教授の家へ行く。我々が一番早かったらしい。メラー氏の長男とガールフレンドが丁度帰ってくる。そのうち次々に研究所の連中がやってくる。ヘルマン夫人も来る。クリステンゼンは夫人をつれてやってくる。実験家のブロストレームも夫人とともにあらわれる。ユーゴスラビヤの連中はなかなか愉快な人達だ。紅茶とケーキをセルフサービスでとってきて思い思いの場所にいって座る。ユーゴスラビヤの連中、ハーバス、ブロストーム等と共にピアノの部屋に席を占めるとメラー氏もそこに来られる。昔来た人達はすぐデンマーク語をうまくなったなどと話される。ユーゴの連中はそのうちドイツ語で喋りはじめスイスのアドラーをしきりにからかっているがよく分らない。ブロストロームが今四ミリオン［電子ボルト］のファン・ド・グラーフ［静電圧加速器］をつくっているという話をしてくれる（現在運転しているのは一・五ミリオン）。メラー氏に葉巻をすすめられる。五時半、引揚げて又汽車で帰る。六時半食事をすまし海岸に散歩に行き、ついでに街をぶらつき九時帰宅する。ブロンステズ夫妻は夜外出し留守だ。

五月九日（日）快晴　［発信］letter　信子　鎌倉

八時起床。食後市内見物に行く。ブロンステド夫妻のすすめによりまず⑭にのり、ラーズフースプラズ［市役所前広場］でおり、レストランでビールをのんでからNy Carlsberg Glyptotek［新カールスベア美術館］に行く。ここにはギリシャやローマの古い彫刻があつめられている。中央のドォムの下には種々な植物があり丁度、温室の中にいるようだ。小さい池があって金魚が泳いでいる。そのまわりにベンチがおいてあって休めるようになっている。

ここを出てチボリ［遊園地］に入る。ボーイスカウトの連中が沢山来ている。Nimbというレストランで昼食をとる。三つのスモレンブレドとアスパラガスのオムレツ。ティボリをでて国立芸術博物館のある公園を抜け、コンゲンス・ハヴンに行きアンデルセンの銅像を見、ローゼンボルグスロット［ローゼンボー城］のわきを抜けて植物園に行く。ゲーテルスガースにでて、小さいコーヒー店でアイスクリーム・ソーダ（1 Kr［クローネ］）をのみ、⑭にのって帰る。未だ早かったので家にかえらず、海岸に出て暫く休息する。

Restaurant Nimb　10.55

帰宅してみるとブロンステズ夫妻は未だ帰っていない。しばらく床に入って眠る。六時四十五分ごろ食事をして再びねる。十時のお茶のときおき、鎌倉と信子に手紙を書く。

書簡より

五月九日　信子様［書簡の一部］

ここの食事は、朝は九時、夕方は六時半ときまっており、夜十時にまたお茶を呑みます。昼めしはお弁当にSMØRREBRØDを作ってくれます。（研究所の食堂で牛乳と紅茶をもらって食べるのです）朝はパンにバターとチーズ、紅茶、マーマレードで、丁度家と同じです。夜も牛肉、豚肉と魚と半々位で、日本にいる時よりも肉食に偏るということはありません。夜はコーヒーと手製のお菓子かくだものが必ずつきます。夜半の御茶は紅茶で軽いトーストなどを一緒にたべます。

五月十日（月）快晴

八時起床、九時食事。九時半家を出て十時に研究所に着く。午後二時からクリステンゼンのコロキウムをきく。（散乱問題への非摂動論的アプローチ）三時半御茶をのみ、四時半からポリテクニカル・スクール［デンマーク工業大学］で行われるコックロフト［Cockcroft, J.D.］のアトミック・エネルギーの工業的利用と題する講演を聞きに行く。メラーの自動車にグスタフソン［Gustafson, T.］と一緒にのり会場に行く。ボーア教授もきておられる。学長の挨拶にはじまり、スライドを使ってハーウェル［英国原子力研究所］のパイル［原子炉］等の写真を見せてくれる。終ってボーア教授の謝辞があり5時半すぎ閉会。メラーが自動車でグスタフソンと二人を送ってくれる。メラーは先達てこのあたりの自動車の運転のことでポリスに叱られたので、今日は注意しなければならない由。グスタフソンはルンド［大学］の教授だがUniv. duty［大学の業務］からのがれるためこちらに来ている由。食後海岸に散歩に行く。今日は一日風のない快晴でひどく暖かかった。又寒い日がくるだろうとのこと。今日から白夜がはじまるそうだ。例によって十時ごろ御茶をのんでやすむ。

五月十一日（火）快晴（風のない上天気）

六時起床。もうすっかり昼のようなあかるさだ。プロカに手紙を書く。今日も風のない上天気だが、明け方はやはりすこし涼しい。九時半家を出てトリアングレン［研究所の近くの三角形交叉点］でデイリー・テレグラフを買って研究所に行く。今日はエスパニアより早い。プロカへの手紙を出しに事務室に行くと、高橋［康］君から手紙がきている。プリンストンが駄目になったとのこと。図書室に行くとハーバスがニューヨーク・タイムスをもってきてくれる。昼食はガンバの隣でとる。御茶の時間に食堂に行くと余り人がいない。ハーバスと若いアメリカ人だけだ。そのうちインド人が入ってくる。さらにユーゴの大きい人がやってきて、どうして皆だまっているのだという。夕食後、イングリッシュ・チャーチからリットル・メール・メードのあたりまで歩く。チューリップ、ヒヤシンスがきれいにさいている。

上欄メモ　letter　信子（Aerogram が余り安いので Asia 行きには Extra payment が必要ではなかったかと思い心配になったので信子に手紙をかいたが大丈夫だと分り、出すのを止める。）

五月十二日（水）晴　［発信］葉書　小林氏　letter　山根氏　葉書　茅、フジオカ［藤岡由夫］、天羽、手塚、谷口、勝沼［精蔵］、北村、須川、長谷、谷川

七時半起床。例の如く九時半に家を出て研究所に行く。Ekspeditionでエログラムのことを尋ねる。アジア向けにもextraはいらないと分って安心し、信子へ昨夜書いた手紙は出すのを止す。昼Post Officeに行ってもう一度確かめやはり大丈夫だと分り安心する。昼食のときミュンヘンのハーグ［Haag, R.］に初めて会う。温和しい良い人だ。ボップ［Bopp, F. A.＊］のことを尋ねてみると元気だとのことだ。四時十五分からクリステンゼンの話のつづきを聞く。来週はアラガー［Alaga, G］のゼネラル・フェルミ・インタラクション（コノピンスキー等の）の話だ。夕食後①にのってVanløse［ヴァンルース］駅へ行き、汽車でSvanemøllen［スヴァンメーレン］にかえってくる。今日少し寒いのでスチームが通る。風呂に入れそうだ。十時御茶をのみ、風呂に入り洗濯をする。今朝トリアングルで買った十枚の葉書で一気に必要なところへ挨拶を出す。

今日、子供の日なのでトリアングルのあたりは賑やかで花電車がとおる。シュルツ夫人から五〇〇クローネもらい、ブロンステッズに四五〇クローネはらう。

五月十三日（木）晴　［受信］梅沢君からaerogram　［発信］葉書　本城氏　東郷氏　嶋津氏

八時起床。朝、町へ買物に行き、百貨店に入って見る。ヒゲそり後につけるローションをかう。ハ

ーバスと話をする。帰りにソーププレスソープを買い、六時までにかえる。七時にブロンステズ教授宅に行く[編注]。ガンバもきている。動物学教室を見せてもらう。

ブロンステズ教授夫妻、同令嬢及びその夫と孫娘（四歳）、息子（十二歳）。ガンバと令嬢（四歳）、ブロンステズの弟子とその恋人、それにわれわれ三人でお茶をのむ。このパンは今夜だけしか食べない由。

明日はカソリックのプレーイングデイでホリデイの由。ガンバにきくと研究所はあいているそうだ。十一時ごろ家にかえる。月がよい。ベラ、ルーナ、エンジニーアの?《ママ》が来ている。

編注　ブロンステズ教授[Brøndsted, H. V.]は、彫刻家である下宿の主人ブロンステズ氏の弟で、コペンハーゲン大学の動物学教授（この時期は学部長に在任中）。なお夫人同士も姉妹である。

五月十四日（金）

朝、研究所に行くと閉っているので門衛にあけてもらう。休日のせいか、ほとんど人が来ていない。食堂も休みなので昼までいて外に出る。トライアングルでビールを呑み、食事をする。労働者風の丁抹人から話かけられるが分らない。お前はコムニストかときいているらしい。①にのってラードフースプラッズでおり、そこらを散歩し⑥にのってオストポートまで行く。オストポートからS・トレーンにのってクランペンボルグまで行き、Deer Havenを散歩したのち海岸の芝生の上で暫く休む［編注］。Lille Bellevue［リル・ベレビュウ］でケーキとコーヒーをのみ、Sトレーンでかえる。ブロンステドの妹等、御客が沢山来ている。海岸を散歩する。

編注　「S・トレーン」はデンマーク国鉄（DSB）が運営するコペンハーゲン近郊電車。S-tog（S・トー、togは電車・列車のこと）と呼ばれ、バス、市電とともに首都圏の公共交通網を形成している。本文では「Sトレーン」、「S電」、「STOG」などと表記。

3.45 Lille Bellevue
2.00 汽車
1.　øl［ビール］

五月十五日（土）晴

［発信］ letter　信子　葉書　文彦・伊都子・千鶴子（Gefion［ゲフィオンの噴水］）
葉書　喜美子・美智子・美恵子（Andersen）　梅田（Rosen［borg］）
真下［信一］（Rosenb［org Have（ローゼンボー公園）］）［編注1］

八時十五分起床、⑭に乗りHavemanns Magasin（ハーヴェマン・デパート）に行ってKodakのFilmを買う。三〇クローネとは少し高い。post card五枚を買う。①にのりKongens Nytorv［コンゲンス・ニュートー］でおりMagasin［マガスィン（・ド・ノー）］に入る。ここでは新聞だけ買って出る。研究所に行くと信子たちからエアレターがきている（十日に出したもの）。早速昨夜書いた手紙に書き足しをする。図書室に行くと新しい書物が来ている。Ivanenko-Sokolovの*Klassische Feldtheorie*［古典場の理論］（Akademie-Verlag）とHeitlerの*The Quantum Theory of Radiation*［輻射の量子論］第二版が面白そうだ。*Abhandlung aus den*

Sowjet Werks のⅢというのもあるが余り面白いものは載っていない。*Phys. Rev.* の Cosmotron Exp［加速器コスモトロンでの実験］を読む。Angular Correlation［角相関］はどうしたものか。

今日午後御茶がないので寂しい。Haag から論文のマニュスクリプトをもらう。四時半研究所を出て③にのり駅で葉書を出し①にのって帰る。食後また①にのり English Church まで行き、Langelinie［ランゲリニエ、編注2］を散歩してくる。月がだんだん円くなってきた。明日フレデリックスボルク城［Frederiksborg Slot］へ行くことにした。一緒にいるエンジニアがとても親切に教えてくれる。

編注1　発信の宛先にある人名の後の「Gefion」や「Andersen」などは絵葉書の絵の記録。
2　市内の海岸にある遊歩道。途中に人魚姫の像がある。

30.00	Kodak
1.25	Post card
25	Mølk THE（ひる）
2.00	6-Ticket, Daily Mail
10.40	グロニンゲン
60.50	ステラ
450.00	ブロンステズ

現在所持金　K 280.90

五月十六日（日）曇後晴

八時起床。八時四十分家を出る。空はすっかりくもっているのでどうしようかと思案したが、ブロンステッズ氏が早くから紅茶をわかしてくれたりするので出掛けないわけにも行かず出かける。Østerport［ユスターポート］からNordbanen［北部線］の汽車（九時二十七分発）にのり十時九分ヒレローズ［Hillerød］に着く。5分許り歩くと湖のほとりに出、フレデリックスボルク城がみえる。右手に美しい散歩路が見えるのでそちらへ曲り、バナナとオレンジを買って路をきくと左へ行った方がよいとのこと。そこでひき返して左手の広い商店街をしばらく歩くとフレデリックボルク城の入口に来る。中に入って行くと城門のところで老婦人が絵はがきをうっている。英語がよいかドイツ語がよいかという。絵はがきを二枚買って奥に行くとIndgang［入口］とかいたところがある。そこから中に入り一クローネ出して切符を買うと城の内部へ入れる。

城の内は博物館のようになっていて、種々古い甲冑その他が飾ってある。二階に上ると天井に絵や彫刻のある美しい部屋がある。王様の寝室らしい部屋も大層豪華だ。更に別の部屋に行くとラ・マルセーズがきこえてくる。オルゴールらしい。寒暖計を見ると十三度しかない。三階に上る。ガラスのシャンデリヤが美しい。窓から外を見ると城は湖の上に突き出している。湖の青と周囲の丘の緑がよく調和して美しい。城を出て左まわりに湖をまわる。見事なドライヴ・ウェイはHELSINGÖR［ヘルシンゲア、ヘルシノア］の方へ向うものらしい。途中から湖畔の公園の中に入り、丁度城の正面のあ

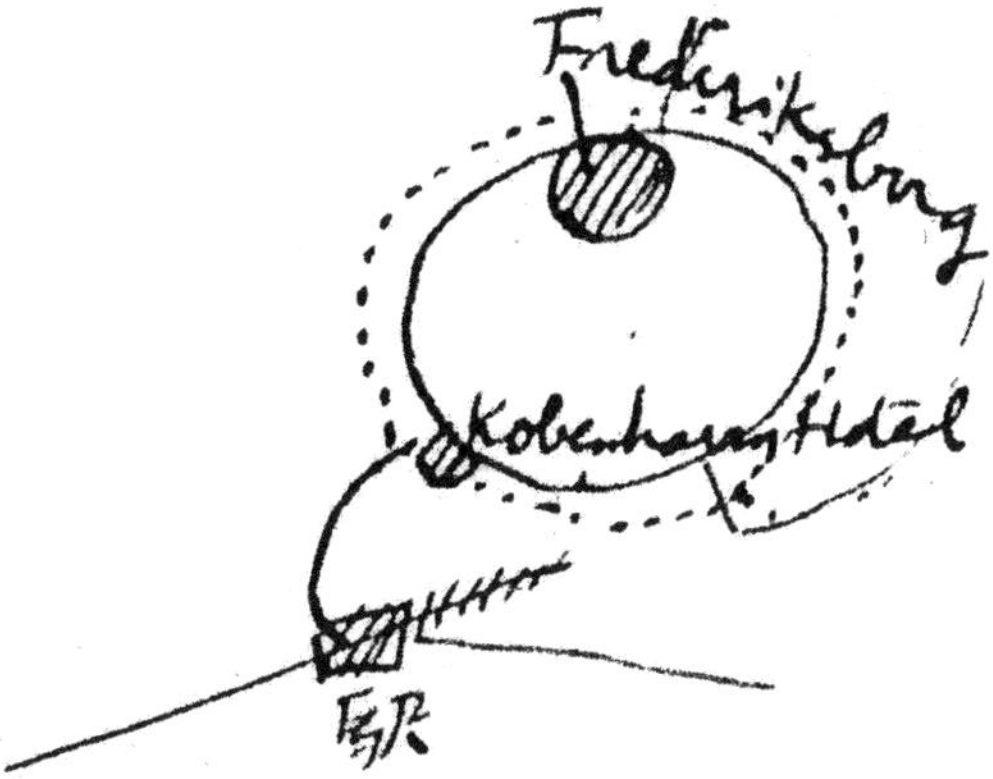

ヒレローズ (Hillerød) 駅からフレデリクスボー城 (Frederiksborg Slot) への略図。コペンハーゲン・ホテルから城を囲む湖の岸を回っていく。

たりで写真をとったり食事をしたりして、さらに湖をまわると、ＦＯＬＫＥＭＵＳＥＵＭ「民俗博物館」と書いてある建物の近くにでる。そこから湖畔の道路へ出て少し行くとさきに一度途中まできてひきかえした地点にたどりつく。コペンハーゲンホテルの傍のベンチで暫く休む。ホテルは大変賑わっている。もすこし金に余裕があればホテルで休みたいところだが大分赤字を出しているので、横目でにらんだまま帰る。駅に着くと未だ大分時間がある。一つ前の汽車にのろうとしたが、時間表にだけあって実際にはないらしい。仕方なく待合室で三十分近くまち、早めに列車に入る。

ＨＯＬＴＥ「ホルテ」でＳ・ＴＲＡＩＮにのりかえ、ＨＥＬＬＥＲＵＰ「ヘルロプ、ヘロップ」で降りる。21番のバスの停留所まで歩くと直ぐバスがやってきた。地図を頼りにDr.ＧＡＭＢＡの家へたどりつく。目標の教会を見付けだしたのですぐ分かる。ＫＩＲＫＥＧＡＡＲＤ「キルケゴー」という墓地を抜けると、彼の家の前にでた。ＫＩＲＫＥＧＡＡＲＤは地図でみると公園らしいのに、監獄のような壁でとりまかれていたので吃驚する。すでにブロンステッズ夫妻とエンジニアの青年は来ている。イタリヤの酒をいろいろ御馳走になり菓子やアイスクリームを食べる。彼の娘は小さい夜という名前の由。モツアルトの交響曲、シューベルトの未完成、ベートーベンの田園等のレコードをきく。ブロンステッド夫妻はガンバ夫妻や娘の顔をスケッチしている。最後にベルディーのラ・トラヴィアータをきいて六時すぎに帰る。又キルケゴーズを抜け、教会を見物する。この教会はグルンドウィヒ記念教会とよばれ、珍しい形をした大きな建物だ［編注］。入口に行くと丁度観光バスがやってきてノルウェー人らしい一群がおりてくる。彼らのあとからついて教会の中に入ってみる。奈良の大仏殿くらいはある。或いはもっと大きいかも知れない。入口で絵葉書を買う。外へ出るとブロンステズが疲れたからTAXIでかえろうという。TAXA［タクシー］にのると十分近くで家にかえる。食後疲れたので一旦床に入り十時にお茶でおこされる。

Østerport－Hillerød	5.50
Fruit	2.00
Bus	.35
Post Card (Frederiksborg)	.50
Post Card (Grundtvig Church)	.70
Billet for Slot	1.00

編注　牧師、哲学者、歴史家、詩人、教育家として、十九世紀デンマークの国民思想形成に中心的な役割を果たしたグルンドヴィ（Grundtvig, N.S.F.）（一七八三―一八七二）を記念して建設された教会（一九二一年着工、一九四〇年に完成）。オルガン教会とも呼ばれている。

五月十七日（月）晴

［発信］letter　オコノギ　アラキ　タカハシ

七時起床。少し仕事をしてから顔を洗う。食後直ちに研究所に行き講演の原稿をつくる。高橋［康］君から手紙をうける。カナダのNSCが採用してくれた由。二時からアラガのコロキウムGENERAL FERMI INTERACTION［一般フェルミ相互作用］について。コノピンスキー・マハード［Mahmoud, H.］の紹介。SYMMETRICITY PRINCIPLE［対称原理］は駄目らしい由。COMPLEX COUPLING［複素結合］について質問する。原君たちの仕事を気にしている。帰宅後、キングス・ガーデンに散歩に行く。荒木氏とマックコウネルから手紙が来る。荒木、高橋、小此木に手紙を書く。

エンドウのスウプ
アスパラガスのタマゴトジ
サラダ（マヨネーズ）
キウリノスノモノ
コーヒー

3.30	タバコ
2.00	電車
1.05	切手
.35	ミルク・紅茶
.30	紅茶・菓子
7.00	

五月十八日（火）晴

受信　信子（12日付　13日付）　湯川二［郎］
発信　airletter　信子　葉書　文彦・伊［都子］・千［鶴子］（普通便）（フレデリック［ボー］）

八時半起床、朝食のとき家から手紙がきていることをミセス・ブレンステズからきく。信子からの十二日付及び十三日付の手紙と湯川二郎君の手紙をうけとる。⑭にのり、air letter 5枚を買って研究所に行く。昼食の時ボーア教授が前にきて座られ、デンマークに落ち着いたかときかれる。昼食後アラガに原君たちのユニバーサル・フェルミの論文を渡す。午後コンゲンス・ニトロフの百貨店に行き絵葉書四枚、エヤーレター、便箋などを買う。御茶の時インド人としゃべる。支那人は今の政府の下で幸福になっていると思うという。夜、信子、子供たちに手紙を書く。

ハーバスから教育二法案についてのニュースのでている新聞（ニューヨーク・タイムズ）をもらう［編注］。

編注

この日のニューヨーク・タイムズに、吉田首相の訪米計画と防衛庁設置法・自衛隊法の審議についての *Yoshida is facing questions on trip. Socialists challenge premier on visit to U.S. – Hearing on defence bills delayed.* という記事がある。この日までのニューヨーク・タイムズには教育二法案についての報道はのっていない。年初から議論されてきた教育二法案（義務養育の政治的中立臨時措置法、教育公務員特例法の一部改正）は、五月十四日、参議院文教委員会で修正可決され、最終的に六月三日に公布された。受け取った信子夫人からの手紙に、教育二法案などの日本のニュースが書かれていて、新聞の切り抜きを送るという記述がある。十八日の日記の最後の文章は、前の行までと異なるペンで書かれているので、後で書き足したときに誤解したものと思われる。

五月十九日（水）晴後曇　13℃（18時夕）　[発信]　原君へ手紙

八時半起床。近くのポストで信子への手紙を出し、真っ直ぐ研究所に行く。文彦たちへの葉書を出してもらいにEKSPEDITION[事務室]にゆくと、原君からの手紙がきていて、Universal Fermi[普遍フェルミ相互作用]についての論文に誤りがあることを知らせてくる[編注1]。丁度昨日アラガとチェックしたとき気付いていた点だ。素研、プログレス、別刷などがE研からきている[編注2]。CERNの秘書が別刷がほしかったら何でも上げるから一度事務室にこいとのことで、いっていろんなものをもらってくる[編注3]。

御茶の時、メラーが来週何か話してくれるかとのことで日本の最近の仕事についてという題にしたいという。部屋にかえると又秘書から電話で題をきいてくる。電話ではよく分らないのでもう一度CERNの事務へゆく。かえりにニューヨーク・タイムズをかう。こんやはバスに入れる。

編注1　デンマーク語のEkspeditionには、英語のExpeditionの意味だけでなく、取扱いとかサービスの意味もある。五月十一日など、これまで事務室とか事務所といっていた部屋の名称。

ハンバーグステーキ
サラダ
ポテト
キウリ
ゼリーと生クリーム
チョコレート
コーヒー

2　素研は「素粒子論研究」の略。日本の素粒子論研究者の自主的組織である素粒子論グループの機関誌で、一九四八年創刊。プログレスは日本の理論物理の欧文誌「プログレス・オブ・セオレティカル・フィジックス」の略で、一九四六年に湯川秀樹＊が創刊した。別刷は、雑誌の一論文ずつを分けたものであり、著者が交換や寄贈に使用。

3　スイスのジュネーヴにある国際研究所CERNの理論部は一九五四年の正式発足以前の一九五二年から一九五七年までコペンハーゲンに置かれた。

五月二十日（木）晴

［受信］　荒木氏より手紙をうけとる。
［発信］　信子　葉書（Rosenborg城）

smoked fish
egg

Billet	2KR
Frisør	5KR.5
THE	20
ICECREAM	50
K	8.20

八時半起床。研究所に行き、エドモンドとハーグのリプリント［別刷］を名大に送る。原君への手紙を投函。午後早めに出てコンゲンス・ニトロフで降り百貨店へ行き散髪をする（五クローネ）。夜ブロンステッズ夫妻とともにブロンステッズ氏の長兄の家に行く（ヘロップの近く）。同氏の息子がナチに銃殺された話を途中できく。ナチに殺された青年を記念するためにつくられた公園の前を通る。タクシーを拾ってかえる。信子へ葉書をかく。

五月二十一日（金）晴

［受信］ aerogram 二通受け取る 鎌倉 小林君
［発信］ 信子

八時半起床。九時十五分朝食。⑭にのり郵便局へ行き信子への葉書と航空便を出す。ガマ口を忘れたことに気付くが辛うじて払える。午後四時からニーア教授のMass Spectrumの話をきく。夕食はライスカレー。久し振りに米を食べたが余り味がよくない。鎌倉と小林君からair letterをもらう。大倉さんから$600送ってくる由。そのうち一〇〇弗は大倉さんの買物。

タバコ	3.30
Airpost	1.15
The	10
The and cake	45
KR	5.00

3,8000
5
40
15
19,0000

五月二十二日（土）晴

受信 信子二通 賢信氏

八時半起床。出かけに信ちゃんからの手紙二通と賢信さんからの手紙をうけとる。ピアノがそのうちに買えそうとのことで伊都子よろこんでいるらしい。千鶴子は今日あたり修学旅行から帰ってくるとのこと。研究所に行くと米国から$600送ってきている。ボーア宛に来たものをローゼンタールから渡してもらう。夜信子へ手紙を書く。

$600 アメリカより

タバコ	3.30
Letter	60
The	20
Newspaper	40
	4.50

書簡より

五月二十二日　信子様［一部］

この間の読売グラフをブロンステッヅ夫妻に見せたらとても喜んでいました。ときどきアサヒグラフか毎日グラフを送ってもらえるとよいかも知れません。新聞の方は朝日新聞に縮刷版がでているのではないかと思うのですが、何かの序でに朝日の人に聞いてみてください。中日にもウィークリーのようなものがあったら、ときどきおくってくれるように、文化部の人にでも頼んで下さい。週刊朝日のようなものでもよいかもしれませんが、そう定期的に送ってもらう必要はありません。とにかくこちらにいると、折角たまに英字新聞を買いにいっても、日本の話が出てくることはほとんどありません。

五月二十三日（日）

午前中は部屋で原稿を直す。昼食後⑭にのり駅で鎌倉（一昨日かいた）と仁科令息宛の葉書を出す。ティボリの前をとおり、市役所の中を一周してから国立博物館へ行く。デンマークの古いものが沢山ある。バイキングの住居などから発掘されたものがかざってある。アジアの部屋があって日本から徳川時代のものがずいぶん来ていておどろく。かみしも、広重、歌麿などの絵、大名ののる駕籠などもある。鎌倉の大仏の写真がかざってあるのがなつかしい。博物館の中のレストランでお茶をのみクリスチアンボルグ城を抜け国立図書館［王立図書館］前の庭園で休む。Exchange［旧証券取引所］の螺旋状の塔の前からKanal Rundfart［運河周遊観光船］のボートにのりランゲリニーエから港の外に近いところまで行き、リトル・メール・メードの前をひきかえしてスロットホルムのまわりのカナル［運河］を四角にまわる。

letter	2.30
お茶	2.50
Kanal Rundfart	2.00
エハガキ	1.25
切プ	2.00
	10.05
チョコレート	4.00
	14.05

五月二十四日（月）晴

十時信子への手紙を投函。研究所へ行く。尾崎・亀淵両君の手紙がついている。一時ごろから黒板に問題をかく。コロキウムは割によく分ったらしい［編注］。

フォルデイ[Foldy, L.]がきた。彼はなかなかよい男だ。梅沢・尾崎両氏へ手紙をかく。夜海岸へブロンステズ夫妻と散歩にゆく。

アスパラガスのオムレツ。ヨーグルト(黒砂糖をかける)。コーヒー。

編注　コロキウムでの発表Some Recent Theoretical Research Work in Japanの内容は、名古屋大学坂田記念史料室史料SMAL[54 01 WP 01]に残されている。

五月二十五日(火)晴　[発信]　信子(フレデリック[城])

朝八時四十五分起床。昨夜よく眠れなくて六時ごろからまどろんだためねむくて仕方がない。朝食のとき信子と小川君からの手紙をもらう。カメラをもってスワンメーレンの公園で花をうつす。①にのり駅の先でおり、先日行った百貨店を探したが分らない。結局マガジン・ド・ノルドで絵葉書、洗濯石鹸をかって研究所へ行く。名大へエスパニアの論文を送る。長谷部氏、山根氏より手紙をうけとる。

信子、小川君、山根氏、長谷部氏へ葉書をかく。三時に郵便局へ行きエヤーレターをかい、デンマーク語の字引を買って又研究所へかえる。五時にうちにかえり五時半に夕食をすませる。ブロンステズ教授の自動車でディア・ハーブンへ行

エハガキ	2.00
ソープ	1.10
ユウビン	7.05
切符	2.00
ジビキ	4.75
	25
	17.15

き、鹿をうつす。湖の横を北に行き、森をぬけ海岸をとおってかえる。大倉、三村、鎌倉、西山へはがきをかく。

五月二十六日(水)晴

air mail	115×3
ordinary	45
	390
エハガキ	200
スタンプ (45×4)	180
	770

八時四十五分起床。国立芸術博物館へ行き写真をうつす。桜の花、チュウリップ等。次にコンゲンス・ハーブンにて又ローゼンボルク城を背景にしたチュウリップ、パンジー等をとる。アンデルセンの銅像も又うつす。マガシン・イルムでえはがきをかう。マガジン・ド・ノルドを一巡して研究所へ行き、昼食をとり原稿を少し書く。お茶をのみ、早めに出て又街を歩く。夕食後ブロンステッツ氏と海岸へ散歩に行く。夜原稿を書こうとしたが余りすすまない。

五月二十七日(木)晴　［発信］手紙　信子へ

八時半起床。洗タク(シャツと猿また)をしたのち⑭にのってHellerupに行き㉖のバスにのりかえシャロッテンルンドに行く。Strandbadと書いた海水浴場へ入ると大勢の人が裸で芝生の上にねころがって居り、中には海に入っている人もある。今日は非常に日光が強く真夏のようだ。初めて夏服を着て外に出る。レーンコートをもって来たが、あつくてとてもきられない。昨日あたりからときおりパナマ帽をかむった人に出くわす。森の中に入りすこし歩くと水族館にやってくる。一・五クローネを払って中に入る。案内書（二クローネ）を買う。日本の金魚に出会う。たつのおとし子がなかなか面白い。南洋の蛙、電気鰻などを見る。つづいて今度は標本館に入る。ここを出て森の道をシャロッテンルンドのSトレーンの駅まで歩く。Sトレーンにてスワンメーレンにかえり昼食。午後は海岸のブリッジからモーター・ボートに乗りランゲリニエへ渡る。ボートから降りると研究所のアメリカ人に会い、暫く一緒に散歩する。彼はシカゴからきていてユーランド［編注］にファミリーがいる由（母がデンマーク人）。リットル・メール・メードの前で彼の写真をとる。彼は遊覧船にのるというので別れ、一人でランゲリニエを散歩する。チョコレート・アイスクリームをたべる。堀に沿ってイングリッシュ・チャーチまで歩く。①にのり早めにかえり近くでビールをのむ。夜、レンボルグ・エンセンという牧師に会う。息子と二人でブロンステズを訪ねて来ている。信子に手紙を書き早めにやすむ。

LØNBORG-JENSEN
Svanemosagårdsvej
Nora 1713

AKVARIUM	1.50KR
FISK標本カン	.75
Guide	2.00
S-train	.80
舟	.60
アイス	1.0
ビール	1.15
	7.90

編注　ユーランド（Jylland）　デンマークの西部。ドイツの北に続く半島

書簡より

五月二十七日　信子様［全文］

今日（五月二七日）はキリストの昇天の日だそうで、研究所も御休みです。こちらの休日をよく知らないので急にお休みがあって吃驚します。五月、六月はとくに沢山休日があるようです。それで今日は午前中にはここから比較的近いシャロッテンルンドにある水族館へ行つて見ました。昨日から温度が非常に昇りパナマ帽を冠った人が見受けられます。シャロッテンルンドは海岸ですからもう大勢の人が裸になって日光浴をしています。海水浴をしている子供もいます（それほど暑くなりました）。今日は初めて夏服を来て出掛けました。

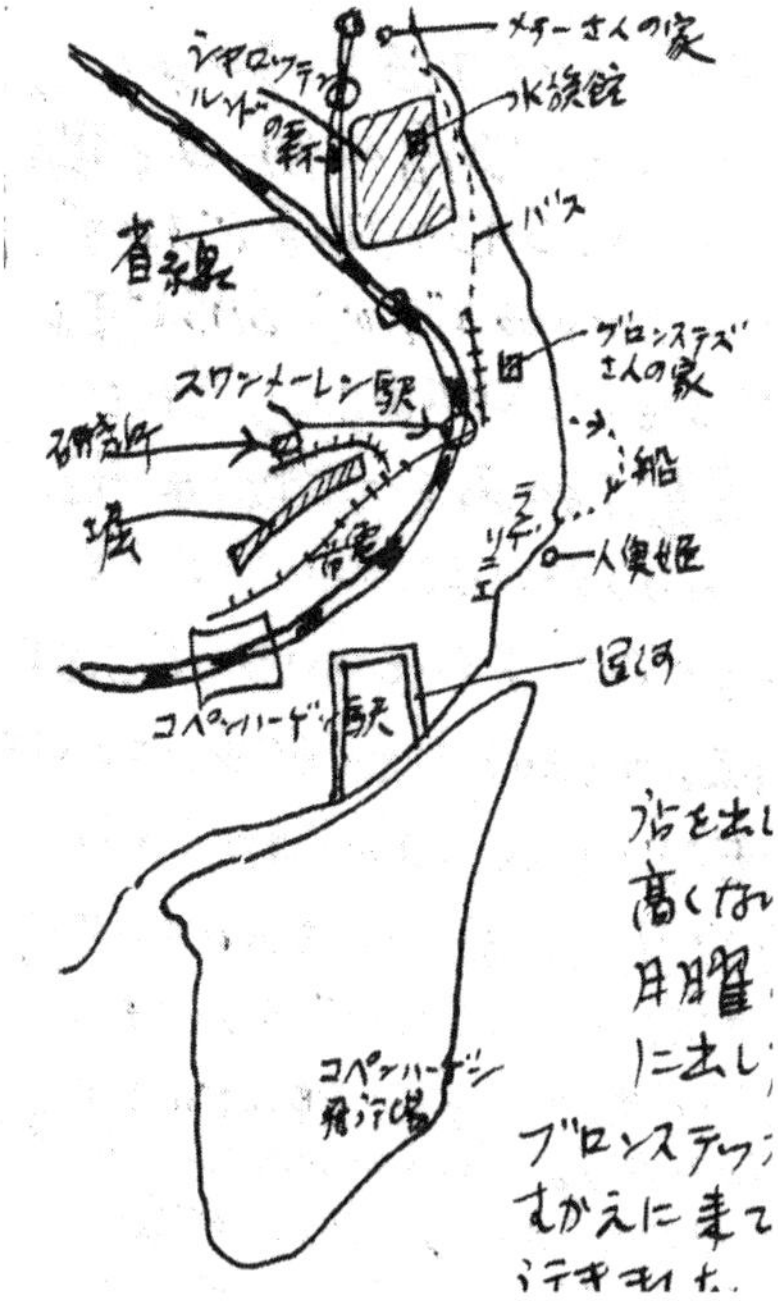

最初海辺に行きましたが、余り日光が強すぎるのでシャロッテンルンドの森の中に入って休みました。水族館はこの森の中にあるのです。なかなか大きな水族館で方々の魚が集まっています。日本の近くからは金

魚や鯉が来ています。金魚はこの間のと同じです。(菅沼さんには研究所の人が喜んでいると伝えて下さい)。この金魚は先日も書きましたようにグリプトテーク博物館にもいました。往きはバスで行きましたが帰りは森の中を抜けて省線電車で戻りました。水族館は入場料が1.5 Krですが、2 Krの説明書を買いました。南アフリカの蛙や南洋の亀が泳いでいるのがとても面白く、電気鰻も珍しく勉強になりました。

御昼を家に帰って食べ(目玉焼き、ほうれん草のうらごし、魚肉、ミルク、コーヒー、パン)、午後は家の近くの海岸から定期的にでているモーターボートにのって人魚姫のいるランゲリニエに行きました。ランゲリニエでおりると、研究所にいるアメリカ人に会いましたので暫く一緒に散歩し、人魚姫の前で彼を並べて写真を撮りました。ランゲリニエは昔海岸の御城だったところですので、御堀が沢山あって、そのまわりに散歩路が出来ているのです。堀の中には野生の鴨や白鳥が泳いでいます。半日ここを散歩して屋台店(といってもきれいなのですが)で、チョコレートでくるんだアイスクリームを買って(一本1クローネ)、ベンチに腰を下ろしてこれを食べました。(レストランも店を出していますが、うっかり入るとチップまでやると高くなりますので)。

この前の手紙はたしか月曜の朝投函し、つづけて葉書を火曜に出したと思いますが、その火曜日の夜ブロンステッズの弟(植物学の教授)が自動車でむかえに来て、五時半ごろから北シーラントへドライヴに行きました。大体この前メラーさんにつれていってもらったのと同じコースです（逆まわり）が、ディアハーブン（鹿のいる公園）の中に入って行き、暫く休みました。

デンマークの田舎は本当によい気持ちです。方々で桜とリンゴの花が満開です。まるで日本のような景色があるかと思うと、又全然おもむきの違った風景に出会います。森の新緑と花の満開が同時にやってきているので、今が一番良い季節だそうです。自動車で行くと汽車や徒歩ではなかなか行けない場所に行かれるので、非常にいい旅行（というと大げさですが、こちらの人は皆トリップといいます）をしました。

来週の土曜と再来週の日、月と休日がつづき、ブロンステッズ夫妻は北シーラントの別荘（八月に一月ここへ行き、七月は人に貸すのだそうです）へ行くといっていますので、そのころユーランドの方へ旅行に行ってみようかと考えています。

来週東京からJTBの吉本さんが来ますから何かと便利だろうと思います。長谷部さんもすぐあとからくる由で、何かもってくるものがあったら持ってきて上げるという手紙をもらいました。長谷部氏の出発は六月七日と書いてありましたが、到着が七月九日と書いてあって、六月が本当か、七月が本当か分りません。SAS［スカンジナビア航空］の招待でスエーデン、ノルウエー、デンマーク、スイス、イタリーとまわる由ですから、SASで来るとすると七月七日が水曜ですから、その方が本当かも知れません。

それで鎌倉へ葉書を出して広重かなにかの複製木版画を二、三枚（東海道五十三次等）と日本音楽のレコード一枚（これはメラーが欲しいというので）を頼みました。又抹茶と茶筅を出来たら届けて下さいといいました。名古屋からはツーリストの人に頼めば連絡できるかも知れませんが、別にとくに欲しいものはありません。

九州の尾崎正治さんが七月か八月にこちらにこられることに決定した由です。京都の江夏君も来るのかも知れません。

未だ千鶴子の京都の話がかいてある手紙がきませんが、きっと面白かっただろうと思います。お菓子を送ろうと思いつつ、未だ頼んでいません。どんなものがいいか考えると頭がいたくなります。Flat Brød だけはきまっているのですが、チョコレートがどろどろになってもこまるし、ビスケットが割れてもいけないと思うと、何がいいか分りません。注文があったら言って下さい。併し兎に角、やっと送り方が分りましたから、明朝 Magasin du Nord という百貨店から送ってもらいたいと思っています。一昨日からバレー祭だということはこの前の手紙でかきましたが、未だ切符がきません。その中に行ったらその話をかきましょう。

Piano はどうなりましたか？　伊都子の胸がワクワクしているようですね。文彦はラジオをつくるのはよいけれど、高い電圧のところがあるから感電しないように気を付けなさい。今日、昼も夜も、可愛い文彦くらいの男の子が二人ずつ一緒に食事をしました。デンマークの子供はとても可愛らしいと思いました。今日は日光が余りつよかったので、丁度徳川山の上にいるようでした。方々あるきまわったのですっかりくたびれてしまいました。

早めに帰りましたら、賀川豊彦を知っているという牧師が息子と二人で来ていました。丁抹人はみんな日本のことを面白がって尋ねます。段々夜が短くなる一方で、暗い時間は四時間もないのではないかと思います。では御体御大事に。こちらは至極元気ですから御安心ください。 Shoichi

五月二十八日（金） ［発信］ 尾崎氏へ

八時四十五分起床。切符［王立劇場バレー祭］の件でブロンステッズ夫人が度々電話をかけてくれるが通じない。仕方ないので買いに行くと大分行列している。十四クローネ出して二等の切符を買う。マガジン・ド・ノルドで名古屋へお菓子でも送ろうと思うが何がよいかなかなかきめられないので、そのまま研究所へ帰る。Aage Bohr に会うとパリで荒木［源太郎］にあったという。パリはどうだったかというとはじめてだったので面白かったという。彼はなかなか愛想がよい。夕方また西の方のマガジンへ行って見るが、やはり見ただけで帰ってくる。七時半家を出て王立劇場へ行く。中は金箔で天井までぬりつめてあってなかなか豪華だ。天井には人物の絵が画いてある。丁度フレデリックボルクでみた天井のようだ。座席にすわると隣のドイツ人が話しかける。

第一のシンフォニーＩＮＣはビゼーの音楽でオドリもなかなか美しい。休憩のとき、廊下に出てみると有名な俳優の肖像や画が沢山ならんでいる。第二のクルチザーネンは中国の詩に取材したもので、これもかわっていておもしろい［編注］。第三の美しいドナウはヨハン・シュトラウスの有名な音楽を取り入れた美しいおどりだ。

夜十一時半ごろ帰宅したが、ブロンステッズ夫妻はお茶をまっていてくれる。

編注 「クルチザーネン」は、デンマークのニルス・ヴィゴ・ベンツォン（Niels Viggo Bentzen：一九一九—二〇〇〇）作曲のバレエ音楽。

2.00KR	電車
14.00KR	王立劇場
.55	Daily Telegraph
.75	プログラム
1.50	オカシ
18.80	

五月二十九日（土）晴　夕立（雷雨）

［受信］　手紙　有山　信子　鎌倉　発信　Heitler　信子　石田

八時半起床。信子からの手紙が来ているかと思ったのに来ない。

研究所へ行きEKSPEDITIONに行くと四月末送った雑誌（素研）が来ている。Mrsが切手が欲しいという。今日はエスパニアはいない。昼飯のときFOLDYと一緒になる。HAVASが部屋をかわったといって新しい部屋へ案内してくれる。彼は来週ストックホルムへ行く由。そのあとは分らぬとのこと。午後早めに研究所をでて映画を見る。出てくると雷雨に会う。帰って見ると鎌倉と信子と有山さんから手紙がきている。

.35	電車
.35	電車
2.00	電車
1.50	映画
4.20	

五月三十日（日）快晴

九時起床。ミスター・Bが今日はどこへ行くかというのでエルシノア［ヘルシンゲア、ヘルシノア］へ行きたいというと、汽車の時刻表をもってきて、細かく説明してくれる。十時十七分Østerport［ユスターポート］発のエルシノア行きにのる。海岸沿いに北へ進む。麦の穂波の緑が菜の花の黄に映えてとても美しい。白黒の乳牛、茶色の牛などが牧場の草原に放し飼いにされている。予定の十一時五十五分より少しおくれて正午すぎエルシノアにつく。スエーデン行きの客は連絡船の方へ歩いて行く。スウェーデンのヘルシンボルグが指呼の間に見える。家々のまどがよく分り、人の歩いているのさえ分りそうだ。

五月末の太陽の光はまばゆい。北へ少しすすむと海岸の東北にクロンボルグ城が見える。城の中へ入るには大分まわりみちしなければならない。四、五丁歩くと城の北側に出た。そこから城に入る路がついている。城門で絵葉書四枚をもとめる。城の中へ入るには切符がいる。一・五〇を出す。まず二階、三階を見る。ここには絵がたくさんかざってある。中はフレデリック城の方が美しい。次に博物館に入る。海洋博物館だ。ハムレットの墓がある由だが見落とした。

エルシノアを二時五分のヒーロード［ヘロード］行きにのり二時半フレーデンボルク（平和の城）でおりる。ここには離宮があり王様の夏の住居になる。王宮の正門から左に曲がると森の道が湖水までつづいている。湖水につき当たったところから右に曲がるとレストランがあり、その前あたりはボート

ヘルシンゲアの連絡船発着所
シェラン島北端の町ヘルシンゲアからは、スウェーデン行の連絡船がでている。国際列車が乗りこんだあと、自動車旅行者が車のまま乗船する。(坂田)
5月30日

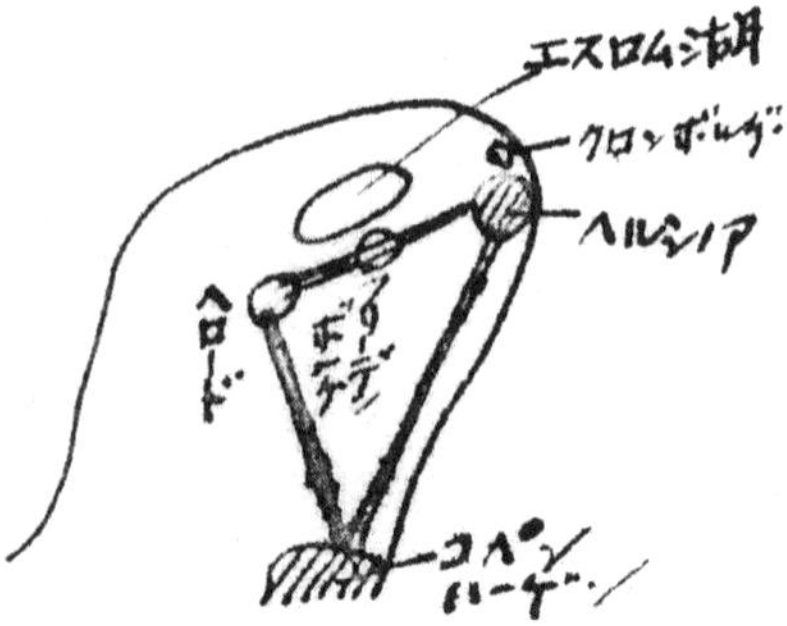

コペンハーゲンから、ヘルシノア (Helsingør)、ヘロード (Hillerød) 経由、城めぐりの旅の略図。ヘルシノアのクロンボルグ城 (Kronborg Slots)、フリーデンボルグ (Fredensborg) を訪問。

にのる人で賑わっている。暑いのですぐひきかえし森の路を元へ戻ろうとすると、左へ王宮の庭園に入る路がある。そこを中に入っていくと湖に沿った森の道が三、四丁つづいてとても気持ちがよい。すこし行くと草原で小学生をひきいた女の先生が遊戯をさせている。そこを行過ぎ木陰で暫く休み、昼食の代わりのウェーファースを食べる。エスロム湖は山中湖位の大きさらしい。ここは余り人がいなくて静かで平和で気持ちよい。あまり気持ちがよいので二列車おくらせ十七時半のヒレロド[ヘロード]行きで帰る。

ØSTERPORT－HELSINGØR	4.10	
HELSINGØR－HILLERØD	4.30	
HILLERØD－KØBEN	4.00	(3.20)
KRONBORG	1.50	
アイス	50	
アイス	50	
APPELSIN	45	
ウェーファース	80	
エハガキ	1.00	

五月三十一日（月）晴

九時起床。信子の手紙を投函し研究所に行き終日部屋にいる。帰る前にバスに入る［編注］。夜共同通信への原稿を書く。

編注　研究所の一番古い建物の二階や三階には、浴槽と洗面台と便器のそろった浴室があり、いつでも熱いお湯が出た。これは研究所創設時には、地階と一階が研究室で、二階は所長のボーア一家の住居、三階は使用人の住居にあてられていたためだった。これがそのまま残されていて、利用されていた。

コペンハーゲン便り第一信［編注］

K君　その後御無沙汰致しましたが御元気ですか。小生去る四月末無事にコペンハーゲンに着きました。御承知のごとくコペンハーゲンは原子物理学の揺籃の地で私共にとってはメッカともいうべき聖地でありますので、飛行機から降りて初めてこの土地に立ったときは長い空路の疲れも忘れ、誠に感慨深いものがありました。しかしその夜はひどく疲れていましたので迎えに来られたメラー教授の招待も辞退し、宿に入ったまま食事もとらないでねてしまいました。

翌日は十時ごろ宿を出て地図を頼りに徒歩で理論物理学研究所へむかいましたが、暫くゆくと公園の入口にさしかかり、前方に美しい城が見えます。地図をみるとここはコンゲンス・ハーヴェとといってローゼンボルグ城の庭園であることが分りました。傍を見るとこの国の生んだ文豪アンデルセンの像が子供達に童話を読んできかせているような姿で立っているのに気付きました。そこここの木立は未だ新緑を帯びていませんが、萌え立ったばかりの芝生の緑が明るく目に入ります。アンデルセンの銅像の近くのベンチに腰を下ろして、お菓子でできたような形のローゼンボルグ城を眺めていますと、まるでお伽の国に来ているような幻想にとらわれました。

ところが突然、奇妙なものの存在が目にふれ、私はたちまち夢の世界から現実の世界へひきもどされました。それは戦争中につくられた防空壕がそのままの形で残っているのを見たからです。壕の上がすっかり緑の芝生でおおわれているため今まで気付かずにいたのでした。其の後も街を歩くとよく公園や空き地に防空壕を見うけます。私はその都度このときと同じような暗いいやな気持ちにおそわれます。

コペンハーゲンは隅から隅まで塵一つない美しい街です。尖った塔や、円いドームのある美しい建物が到るところから見られます。家々の窓には緑のしたたるような植木や美しい花の咲いた草花の鉢がぎっしりと並べられていて温室を見ているようです。空き地という空き地はすべて緑の芝生でおおわれ、街全体が公園といってもよいでしょう。この美しい平和な街を歩くと、いつもアンデルセンの童話を思い出し、楽しい子供の気持ちにかえるのですが、防空壕が残っているのに目がふれるたび、平和がおびやかされている現実の世界を思い出し、救い難い悲しさを覚えずにはおられません。
　私は今デンマーク人の彫刻家の家庭に泊っていますが、あるとき彼にコペンハーゲンの防空壕がとりのぞかれていない理由を聞きましたところ、いつ起こるか分からない次の戦争をおそれているからだと答えました。私はこんど戦争がはじまれば原爆や水爆が使われるから、あんな防空壕は何の役にも立たないだろうと申しましたが、広島や長崎の経験をもたず、又第五福竜丸事件についてもあまりよく実情を知っていない彼らは、戦争を極度ににくみながらも、原子兵器のおそろしさをそれほど身近には感じていないようです。原爆と水爆の最初の被害者である私たち日本人はもっと声を大きくして平和を愛し戦争を心から憎んでいる世界中の民衆にむかって原子兵器の恐怖の実態を知らせてやる義務があることをつくづくと感じます。

編注　この原稿は、共同通信社の依頼で書かれたものだが、掲載紙が確認できていない。

コペンハーゲン便り第二信『原子力委のない原子王国』［編注1］

コペンハーゲン大学の理論物理学研究所には昨年からCERNの理論部門がおかれています。セルンというのは、原子核研究のような大規模なものはとても一国だけではできないので、これをヨーロッパ各国が連合して行うために発足した組織です。実験部門はジュネーブにおかれ、コスモトロンがつくられようとしています。理論部門の主任はボーア博士でセルンに加盟している十二カ国（英国、スイス、デンマーク、オランダ、ギリシャ、スエーデン、ベルギー、フランス、西ドイツ、ノルウェー、ユーゴスラビア、イタリア）からは少なくとも一名の理論物理学者がこちらの研究所に常駐することになっています［編注2］。そのほかに米、印度、日本から来ているものを数えますと、現在十五ヶ国の人間が集まっている勘定になり、大変国際色豊かであります。かつて量子力学が誕生したころには、ハイゼンベルグ［Heisenberg, W.K. *］、ディラックをはじめとして世界中の理論物理学者がボーアのまわりに蝟集し、この研究所が発展の中心になったことはよく知られていますが、今またここは新しい世界の中心になろうとしています。

ボーア博士はすこぶる健在で矍鑠として研究所を指導しておられますから、故仁科博士により日本にも伝えられた『コペンハーゲン精神』は、今も尚脈々としてこの研究所の中に流れており、特有の雰囲気をつくっています。ここでの研究は勿論ですが、セルンの研究は純粋科学としての原子核の研究を目的としたもので原子力とは何の関係もありません。先達てもイギリスからコッククロフトがやって来てポリテクニークで原子力の工業的利用の話をやりましたが、この研究所からききにいったのは、御義理できききにいったおえら方ばかりで大多数の研究者はほとんど関心を示していません。

デンマークには殆んど高い山がなくヒンメルベルグとよばれる一番高い山でさえ、百数十米しかないので電力には非常に困っています［編注3］。その点からいえば原子力発電はこの国にとりもっとも望ましいものといえます。ところが原子物理学の大本山のあるこの国には原子力委員会はありません。デンマークの科学者の中にはボーア博士をはじめとして誰一人、原子力委員会をつくろうなどというものはいません。彼らは原子力発電がデンマークの将来にとり必要なことはよく知っているのですが、現在の国情では永い伝統をもつ原子物理学の理論的面を充分にのばすことが、デンマークの科学をして人類の将来にもっとも貢献せしめる所以であることを深く考えているからです。デンマーク政府は純粋科学を発達させるために、RASK ØRSTED FOUNDATION［編注4］をつくって多大の援助金を出していますが、政治家はつねに科学者の意見を充分尊重しています。どこかの国のように、突然訳の分らぬ原子炉予算がとび出したりすることはありません。

夫々の国がその特長を生かすことに努力してこそ世界中の国が平和に共存でき、又自国の独立を主張することができるのではないでしょうか。先般来、日本に原子炉をつくろうなどという話がありましたが、あれは子供の火なぶり［火弄り］ににた危険なことだと思います。日本にも仁科博士が丁抹から持ってかえられ、湯川・朝永両博士らにより育てられた基礎物理学の貴重な芽があります。この芽を大切に育て上げることこそ日本の原子科学者の正統な使命ではないでしょうか［編注5］。

編注1　共同通信社からの依頼によって書かれたこの原稿は、わずかな修正ののち、京都新聞（一九五四年六月二十八日）、河北新報（一九五四年七月二日）などに掲載された。

2　日記では、加盟国名を書き入れるための余白を空けたままにしてある。掲載された新聞には十二として十一の国名だけ入っている。そのうちのエジプトは加盟国でなく、スイス、ベルギーが抜けているので訂正し、批准の順に並べておく。

3　デンマーク最高の山は、ヒンメルベルグの南東十八キロのムレホイ (Møllehøj) で、一七〇・八六メートル。

4　ラスク・エールステッド財団 (Rask-Ørsted Fondet)　言語学のラスク (Rask, Rasmus Christian：一七八七—一八三二) と、物理学のエールステッド (Ørsted, Hans Christian：デンマーク語ではウアステ、一七七七—一八五一) というデンマークの生んだ二人の大学者の名を冠した学術財団

5　デンマークの原子力に関するその後の動き

一九五五年三月、デンマーク政府は、当時の原子力平和利用に関する内外の状況に対応するため、原子力委員会（Atomenergiekommissionen [AEK]）を設置した。ボーアはその没年（一九六二年）に到るまで、社会の要請と研究の進展とを慎重に配慮しつつ、委員長として尽力を重ねた。原子力に関わる研究推進と人材養成のための研究用小型原子炉（前後3基）設置を含む施設が、ロスキレ・フィヨルド（Roskilde Fjord）畔のリソー（Risø）に建設された。しかし、一九六〇年代後半以降、石油危機、経済的電力供給体制、公害問題、原子力発電事故、気候変動、等の世界的問題の著しい推移の中で、デンマーク政府は、一九七六年に、原子力発電に依存する立場を捨て、原子力委員会を廃止し、リソーの原子炉はすべて閉鎖された。その後、世論の動きも反映し、紆余曲折の議論を経た結果、リソーの施設の役割は原子力に限定されず、風力発電など「持続可能な発展のためのエネルギー開発」の研究中心として再編された。更に二〇〇八年からはデンマーク工科大学（DTU）傘下の研究所に生まれ変わっている。

六月——研究所内外での交流が拡がり、深まる

六月一日（火）晴一時曇

朝信子（二通）とQ君［小此木久一郎］から手紙をもらう。①にのりMagasin du Nordに行き、エハガキをかって研究所へ行く。Yoshimoto［吉本（JTB）］氏から電話があり六時にかけてくれとのこと。午後散髪をしてかえる。

夜ヨシモト氏をリッチモンドホテルに訪ねる。フクムスメの缶詰と浅草のりのカンヅメをごちそうになる。フクムスメの一カンとピース一コをみやげにもらう。

ブロンステッズ家ではヘンリックの誕生日でサーカスに行く。お祝いに日本の計算尺をやる。

11.25	散パツ
2.00	切プ
2.00	エハガキ
2.00	タバコ
1.15	速タツ（チヅコ）Fiskmarket
1.15	〃（ノブコ）
.45	ordin［普通］（大ツカ）
1.00	映画
22.10	
1.15＋x（共同）	

六月二日（水）晴

十時研究所へ行く。EKSPEDITIONに行って見るが何も来ていない。LIBRARYでHEISENBERGの論文を読もうとしたが誰かもっていってない。昼めしの後、HAVASから原〔治〕君たちの論文について注意をうけたので、調べてみたところ彼らの結論は間違っていることが分る。お茶の時メラー氏と話をする。ボーアも出てくる。四時からスウェーデンのSiwarteczki〔シワルテスキー〕のコロキウムをきく。（ℓs）項があったときのプロトン散乱のポーラリゼーションの計算だ。スエーデンのプロトン・シンクロトロンは一五〇MeV〔編注〕の実験をやっている由。帰りに門のところでメラーに会うと自動車にのせてくれる。

編注　エネルギーの単位。1MeV（メガ電子ボルト）は一〇〇万eV（電子ボルト）。1eVは、1ボルトの電圧の差によって加速されるときに電子が受け取るエネルギーであって、およそ10のマイナス19乗ジュール。後に出てくる1BeVは10億eVであり、今ではGeV（ギガ電子ボルト）という。

六月三日（木）晴　［発信］　伊都子（Rådhus）

十時研究所へ行く。原君への手紙を出す。
昼めしのときチュウドハリー［Choudhury, D.C.］と話をする。
午後早めに町に行き書店をのぞく。マーチン・アンデルセン・ネクソ［Martin Andersen Nexø］の死を悼んだランド・オ・フォルク紙［*Land og Folk*］を買う［編注］。鎌倉、伊都子へ葉書を出す。

編注　マーチン・アナスン・ネクソ（一八六九―一九五四）社会主義的作品を書いたデンマークの小説家。六月一日に死去した。「ランド・オ・フォルク」はデンマークの共産主義系の新聞。

KR. 5.00 aerogram
郵便

六月四日（金）晴　受信　伏見　発信　武谷

九時起床。今日からブロンステッズ夫妻は北シーランドの別荘に行く。午前中街に行き、写真入れをかう。CERNの事務の秘書が、用があるというのでいってみると明日BOHRが御茶に招待してくれる由。招待状をもらう。御茶のあと風呂に入り街へ行き、吉本氏のホテルを訪ねる。信子へ手紙をかきかける。

KR9.00　写真入れ
4.75　SMØRREBRØD
2.50　Quick Lunch

六月五日（土）晴　Constitution Day（憲法記念日）

受信　信子（手紙）　伊都子たち（〃）　鎌倉（〃）　宮原（〃）　亀フチ（〃）　発信　信子（手紙）

九時起床。信子から便りをもらう。早速手紙に書き足しをして出す。研究所に行くとチュウハリーが昼めしに行かないかとよびに来る。彼はなかなか親切だ。朝がおそくて欲しくないので断る。部屋で暫く話をする。Bohrさんのところへ行こうとRozentalを訪ねる。彼はいない。電車通りで③をまっていると彼がやって来たが今日は行かない由。一人で地図を見ながらたどりつく。

入口でオランダ人夫妻、Foldy夫妻などに会う。大臣官邸のような立派な家だ。庭がとても美しく広い。Bohr夫人が早速挨拶される。そのうちメラー夫人がきて挨拶をされる。Aage Bohrが日本からきた銀杏の樹を見せてくれる。オーゲの息子がはねまわっている。皿にお菓子などをとりボーアさんのそばにすわる。ワイルの子供も一緒だ。庭を散歩しているとチュドハリーやファリアロス、エリクゼンなどがいろいろはなしかけてくれる。最後にカクテルがでる。ボア夫人と仁科夫人のことを話す。ボーアさんに別れの挨拶をしているとLüders［リューダース］が来てGöttingenの話をしてくれる。エリクゼン夫妻、ファリアロスとその母親等と連れだってかえる。

六月六日（日）晴　Whitsunday（聖霊降臨祭）　発信　文彦（クロンボルグ[城]）

11時家を出て国立芸術博物館へ行ったが休み。Rosenborg城の方へ歩きKongens Haveを散歩する。ライラックが大変美しい。アンデルセンの銅像のところで休んでいると日本人が二人やってくる。挨拶すると日本経済の編集局長円城寺氏とロンドン特派員ニラサワ[韮沢嘉雄]氏の両氏だ。暫く話をしていると今夜一緒に食事をしようということになり分れる。駅に行き文彦へ葉書を出し、駅内のレストランでビールをもらって食事をする。靴をみがき、チョコレートを買ってリングビー湖へSトレーンにのって遊びに行く。今日はウィト・サンデーで大勢の人がきている。湖畔のレストランでアッペルジン[オレンジジュース]をもらい休む。モーターボートにのってフレデリックダールまで行って戻る。一旦家へ帰り、七時頃リッチモンドホテルに円城寺氏を訪ねる。北京というコンゲンス・ニトロフにあるレストランで支那料理を御馳走になる。ロンドンにいったときの世話をにらさわ氏にたのみ、四方山話をする。十一時になってしまう。ラドフスプラツ[市役所前広場]まで歩き⑭にのって帰ると、十二時になってしまう。日本茶を沸かしてのみ、休む。

上欄メモ　KEIZAI LONDON　Yoshio Nirasawa, 26, Green St., Park Lang W.I. Mayfair 4031
日本経済　編集局長　円城寺次郎

KR1.40	文
.60	靴ミガキ
1.40	ØLE
1.70	電車
.45	Appelsin
2.00	チョコ
2.00	ボート
9.55	
2.00	SMØRREBRØD
3.30	タバコ

六月七日（月）晴　Whitmonday［編注］

受信　信子（葉書）
発信　伏見　竹下

8時半起床。昼まで家で手紙をかいている。昼食をすませて研究所に行き旅行のスケジュールを考える。大体六月二十九日の夜行で立ち、三、四日ゲッチンゲンにより、五日ごろロンドンに行くことにする。4時ごろ研究所を出て駅に行きエアログラムをかってビールを呑む。英国の喜劇映画を見てスモーレブレッドを買ってかえる。

KR. 3.25	aerogram
KR. 1.70	ビール
KR. .75	New York Times
KR. 2.00	映画
KR. 4.25	SMØRREBRØD
11.95	

編注　Whitmonday は Whitsunday の翌日（法定休日）。

六月八日（火）晴一時くもり

受信　河辺　Hirabayashi
発信　信子　宮原

八時半起床。うちから手紙がきているかと思って見に行ったが河辺君から一通きたのみ。研究所にいきエキスペディションに行こうとするとモッテルソン＊に会う。オーゲ・ボーアの御祝の件であとで話そうという。名大から素研とプログレスがきている。図書室の前でモッテルソンが回状をもってまわっているのに会い、3KR出して署名をする。Havasにひるめしのときあう。午後立つといってさようならをしにやってくる。FOLDYが西島の論文を借りにくる。彼と少々話す。ミセス・シュルツに五〇〇クローネもらう。夕方家にかえってきたがブロンステッズ夫妻はまだ帰っていない。今朝葉書をもらった平林〔広人〕氏と電話で話し明後日夕方訪ねる約束をする〔編注〕。散歩から帰ってくるとブロンステッズが帰ってきたところに会う。

入金	KR. 500
出　切プ	200
Bohr	300
SMØR.	125

編注　平林広人（一八八六―一九八六）信濃木崎湖夏期大学発起人、デンマーク農村文化（グルンドヴィによる国民高等学校活動等）の紹介、アンデルセン童話の翻訳者・研究者。

六月九日（水）晴のち雨　［発信］ハガキ　信子（人魚ヒメ）河辺　亀・小此木　サトウ（ストックホルム）

研究所でKroll-Ruderman［の論文］をよむ。午後SASで長谷部氏の着く時間をきく。Magasin du NordとHotel d'Angleterreの間のCHARCUTERI［シャルキュッテリ（デリカテッセン）］という食料品店からバター、チーズ、ハム、ペースト、フラットブレッド等を家へ送る。一旦研究所へかえり又Magasin du Nordでハンケチ、ポストカードを買い、Parcelに入れてもらう。㉞にのってairportへ行くともう飛行機は着いている。長谷部さんをよんでもらう。十三日にコペンハーゲンに来る由。

夜、音楽をききながら肖像画をかいてもらう。

食料品	44.00
送料	22.00
	66.00
ハンカチ	2.40
ポストカード	3.00

六月十日（木）　受信　忠雄夫妻、キーチャン［坂田喜美子］、ミッチャン［坂田美智子］

KR. 4.80　air letter
400.00　下宿料

今朝は雨雲がたれこめていてうっとおしい。四〇〇クローネの下宿代をはらう。レーンコートと傘をもって研究所へ出かける。途中葉書を郵便局で出す。ライブラリーの前にボーアのことをかいた新聞の切ぬきがはってある。ひるめしのとき、今日オーゲの学位の式のあることをきく。午後はオーゲ・ボーアのディサーテーション・ディスピュテーション［学位論文公開討論］があるので大学に行く。エスパニヤ、エーベル、ファルディ、リュウダース等とタクシーを拾う。正二時に大学の教授連中とともにオーゲがやってくる。講堂の正面の演壇の上に向かいあった形で二つ机がおいてあり一方の前にオーゲがすわっている。Dean［学部長］のProf. Brøndstedの司会でまずローゼンタールがオポーネントとして演壇に上り、他方の机の前にたち、丁抹語で論文についていろいろ質問をはじめ、約四十五分ぐらいつづける。次にメラーが演壇に上り、やはり約四十五分ぐらい質問する。ときど

NIELS BOHR & SØN

Niels Bohrs søn, der ogsaa er atom-forsker, skal forsvare sin doktordisputats, men faar ikke faderen som opponent.

原子核理論を研究するオーエ・ボーアの学位論文が受理され、6月10日に公開討議がおこなわれるという報道が四月下旬のデンマーク各紙に報じられた。この風刺画は、原子核に例えたクルミの殻を割ろうと立ち向かう息子と、それを見守る父ニールス・ボーア。4月23日のオーフスの新聞*Århus Stiftstidende*に掲載。

前日の公開討論を報じた新聞記事の挿絵。左から、オーエ・ボーア、メラー、ローゼンタール。6月11日のコペンハーゲンの新聞 *Politiken* に掲載された。(ニールス・ボーア・アーカイブ提供)

き聴衆が笑うので、なにかユーモアが交じっていることが分る。

六月十一日（金）

60×10^{6} sfr 14 GeV

Lykke Peer (1870)
うんよし　ピエール
[編注1、2]

切符	2.00
タバコ	3.30
ミルク	15
テー	30
S-train	70
	6.45

十一時よりのLüdersの話が十三時半までつづく。メラーに伏見氏の手紙の話をしようとしたが明日の十一時にしてくれとのこと。ハイゼンベルグの論文をよむ。夜平林広人氏を訪ねる。彼はアンデルセンを原典から訳している

由。来年四月二日のアンデルセン生誕百五十年記念の日までは当地にとどまる由。鷗外の即興詩人の第一版、写真（母堂のものも）、筆跡、原稿等が欲しい由。信子、小金井さんへの連絡を約してかえろうとすると、オーデンセのアンデルセンの家で発行している彼の第一版の挿絵のエハガキをくれ、小金井さんへあげてくれとのこと。又十三日十時グルンドウィク・メモリアルチャーチへ日本の農林省の留学生8名がくるからこないかとのこと。

編注1　60×10⁶sfrは六千万スイスフラン［当時の通貨レートで約五十億円］、14GeVは百四十億電子ボルトというエネルギーのこと。この年一九五四年にはスイスのジュネーブ郊外で、ヨーロッパ諸国の国際研究所セルンが、最初の高エネルギー加速器の陽子シンクロトロンの建設を開始した。完成は一九五九年、最高エネルギーは二百八十億電子ボルトだった。

2　*Lykke Peer*（英訳 *Lucky Peer*、和訳「運よしピエール」）はアンデルセンの六番目で最後の小説。「幸せものののピーア」、「幸運のペール」、「幸福なペーア」などの題名で、翻訳が刊行されている。

六月十二日（土）晴　受信　信子　竹下　鎌倉　民雄　発信　信子　竹下

朝、信子、鎌倉、民雄夫妻、JSC［編注1］より速達が届いている。千鶴子が針をさした由で信子がてんてこ舞をした模様だが大したことはないらしくて仕合せ。信子への手紙を出す。研究所へ行くと山内〔山之内一郎〕氏から今夜十九時〇五分ハンブルグより着くという電報がきている。メラー氏のところに十一時に行ったがきていない。彼から電話があり、ひるごろ行くとのこと。ひる彼に会い、西脇〔安〕氏のこともたのむ。又Wingeへ電話をしてもらい明後日会えるように約束してもらう。Schiffが今夜くるのでこんどの火曜の夜、うちにきてくれとのこと。夕方空港へ行くと又メラー氏に会う。山内氏は来ない〔編注2〕。

編注1　「JSC」は日本学術会議(Science Council of Japan)の略。日本学術会議は、日本の科学者を代表する機関として一九四九年に発足した、内閣総理大臣の所轄機関。独立して審議し、政府からの諮問に答え、政府に勧告する権限を持ち、国際学術団体に加入することができた。発足時から一九八五年までは、十二期にわたり全国の科学者の直接選挙によって七部合計二一〇人の会員が選出された。坂田は発足時から死去まで第四部(理学)会員であり、その間に第四部幹事、いくつもの委員会委員長を務めた。一九五四年七月の国際純粋応用物理学連合への出席の経緯などは、編者解説を参照されたい。

2　山内氏は東京大学社会学研究所長山之内一郎教授(日本学術会議会員)。また、西脇安(大阪市大医学部助教授)氏は、放射線物理が専門で、ビキニ水爆実験による放射線影響を研究。七月二十一日から八月七日まで英国で開かれた非暴力キリスト教団体の国際友和会(Fellowship of Reconciliation)総会に日本代表として参加、各地でビキニ事件の放射能の分析を講演し、水爆の実態を世界に知らせることに貢献した。

六月十三日（日）雨

KR.300 エイガ

十時半ごろグルンドウィヒ・チャーチに行き、平林氏と会う。一緒に農業視察団の宿舎に行くがいない。午後グリプトテークへ行き、映画館へ入る。帰ると山内氏から電話が来ている。夜、長谷部氏を訪ねる。名古屋、鎌倉からの届け物を受け取る。

六月十四日（月）

長谷部	10,00
THE	
晩メシ	KR. 900
ビール	575
ビール	400
KR..	30

朝十時からシッフのコロキウム。午後ローゼンタールにヴィザのことをきく。カールスベルグ研究所へWingeを訪ねる。松浦氏の件を依頼。山内氏を訪ねる。一緒に研究所へ行き、晩メシを食いティボリに行きビールをのむ。鎌倉からのレコードをうけとる。信子へ手紙をかきかける。

六月十五日（火）晴

受信　信子　武タニ　　発信　信子　鎌倉

朝信子より手紙をうけとる。信子への手紙のつづきを書いて出す。町へ行き本屋をあさりMagasin du Nordで食事をしているとローゼンタール夫妻に会う。彼はCERNの用でこんどの土曜日に英国に行く由。イルムで散髪をする。VISAに必要な手紙が〔を〕書いてEKSPEDITIONにおいてある。TAKETANI、TOYODA、AIDZU〔武谷三男＊、豊田利幸、会津晃〕の諸君から手紙がきている。エスパニヤと話をし、お茶に行くとSchiff、Foldyとあう。夜、Møllerさんのところへよばれているので七時にスワンメーレンからS電車で行く。シッフ夫妻のほかにヴィレッツ夫妻、FOLDY夫妻、ローゼンタール夫妻が来ている。食後レコードをききながらコーヒーをのむ。十二時近くにオレンジエードがくる。十二時二十七分の電車でかえる。六段のレコードと越後獅子のレコードをもって行く。

KR 10 散パツ

Møller氏

魚のカンテンツメ
ジャガイモ
チーズ数種 パン ビスケット
赤大根
チョコレート バナナ プディング
ブドウ酒
コーヒー
オレンジエード

六月十六日（水）　手紙　E研へ

朝Vesterportに行きVISAの延長をたのむ。一度Folke Register［住民登録所］へいってStampをとってこいという。旅券をあずけてかえる。土曜にこいとのこと。二時からサーバー［Serber, R.］の話。ハイゼンベルグをよむ。ブロンステズに北斎漫画とフロシキをやると、とてもよろこぶ。

六月十七日（木）　発信　尾崎　信子

ユルゲンセンというドイツ人が一昨日から泊まっていたが今朝かえる。ハイゼンベルグをよむ。尾崎氏へ手紙をかく。夜抹茶をのむ。信子への手紙をかきかける。

KR3.30	タバコ
.60	E研
↗1.40	エハガキ
35	
4	
20	
12	

六月十八日（金）晴

朝、荒木［源太郎］氏より通信あり。信子（葉書）、伏見氏、ニラサワ氏への手紙を郵便局で出す。昼めしの時、チュハリーがROSENFELD［Léon］が来ていることを教えてくれるが、挨拶する機会がなかった。福島氏らより電報をもらい、ストックホルムへ来いとのことだが手紙で断る［編注］。信子への手紙を書く。

手紙　4.50

編注　六月十九～二十三日にストックホルムで「国際緊張緩和のための世界平和集会」が開催され、日本から各界代表約四十名が参加。学界からは、福島要一（学術会議）、山之内一郎（東大）、佐藤了（金沢大）、松浦一（北大）、清水幾太郎（学習院大）他が出席。（以下、七月五日朝日新聞夕刊より）ストックホルムの集会に参加した各党派の国会議員団十七名、自由党宇都宮徳馬など、改進党中曽根康弘など、左派社会党田中稔男、右派社会党松前重義など、労農党黒田寿男など、共産党須藤五郎、無所属小林信一などが、七月三日に国交のないソ連に入った。（中略）外務省は反対だが、旅券法の盲点のため処罰できないと苦慮。

六月十九日（土）

十九日、信子より二通、小川、鎌倉、原より手紙をうけとる。トーリストに行き吉本氏の紹介してくれた人に会おうとしたがいない。信子へ手紙を出す。原君の手紙により、もう一度V-Aを考え直したが、やはり彼がまちがっているらしい。

六月二十日（日）

原君への手紙を出す。午後KUNST MUSEUM［国立美術館］へ行きランゲリニエを散歩して舟でかえる。夜、平林氏が食事に来て十一時半ごろ［まで］話してかえる。Brøndsted［夫人］が写生をしてくれる。サンダーストーム［激しい雷雨］がある。

六月二十一日（月）

アメリカン・エキスプレスでトラベル・チェックを買う。昼ローゼンフェルドに会って話をする。オーゲ・ボーアが夜家に遊びに来ないかというので行くことを答えると、五時ごろやってきて地図をかいてくれる。七時四十分発のS電車でソーレンフリで降りるとJoanと一緒になる。オーゲが自動車で迎えに来てくれる。美しい湖の岬を通って彼の家に着く。アパートだがなかなかきれいだ。数名のお客と共に御茶の御馳走になる。ボーア夫人はなかなか教養が高く日本語まで知っている。まずトマトジュース、いろいろなスモレブレッド、ビール、アスパラガスとトマトを寒天で固めたもの、ショートケーキ。抹茶をたててやると皆よろこぶ。小学館のカグヤ姫(豊田君の贈ったもの)の翻訳をさせられる。

六月二十二日(火)

朝、ライセビュウロー［デンマーク交通公社］で吉本氏の紹介してくれた人にあう。彼は国内観光が主なので［国際旅行担当の］友人を紹介してくれる。そこで汽船の予約をして研究所へ帰ると、嘉沢氏から連絡があってSASの切符を送ったといってくる。SASからも電話でその旨つたえてくる。早速SASに行き切符の予約をした上、船を取消しに行く。夜共同の今井氏から電話をもらう。

六月二十三日(水) ［受発不明］荒木　ニラサワ

朝、今井氏を訪ねる。オーゲが土曜にボーアの御茶会にこいという。午後、モッテルソンが家に来いといいにくる。ボーアの車でイスラエル人と一緒にリングビュウの彼のアパートへ行く。ツパンチックと彼の母親もやってくる。

冷たいスープ
若鶏の足と
ご飯のいためたもの
さらだ
苺
コーヒー

六月二十四日（木）雨のちくもり

［受信］信子　鎌倉　静間
［発信］信子　藤本　ニラサワ

朝信子、鎌倉、静間より手紙をもらう。今日はとても冷たい。信子へ葉書をかき藤本君へのものとともに郵便局で出す。ナプキンとスケッチもエアメールで送る（信子の誕生日のために）。

研究所へ行くとアンデルス銀行から手紙と電話がきている。食後、銀行に行って45ポンドのトラベラーズチェックと7ポンドの現金をうけとる。又、コダックの現像をうけとる。四時からローゼンフエルドの「原子核のコンプレッシビリテイ［compressibility］と光効果」というコロキウムをきく。上欄メモ

夜、信子へ手紙を書く。

上欄メモ　Araújo［アラウージョ（Araújo, J. M.）はポルトガルの原子核理論物理学者で、当時マンチェスター大学のローゼ

ンフェルドのところで研究していた。」

六月二十五日（金） 受信　ニラサワ　発信　信子　文彦　鎌倉　謝　有山　亀フチ

研究所へ行くとニラサワ氏から電報が来ている。ユーゴー代表部の招待状をもらう。ヴィリッツ［Wilets L.］が月曜の8時に来てくれという。シュルツ夫人から五〇〇クローネをもらう。

昼SASへ行き切符の経路をパリからフランクフルト、コペンハーゲンと直してもらい、ワルトフに行く［編注］。平林氏、中曽根代議士、アンデルセンと共に食事をする。午後、ハイデンブルグのCoulomb Excitation［クーロン場による原子核励起］の話をきいたのち、マガジン・ド・ノルドで天然色写真を見る器具をかう。

編注　ワルトフ（Vartov）　市役所から見て、道路を隔てた東側にある十八世紀建築の建物。十九世紀にはグルンドヴィ（五月十六日編注）が、その晩年の活動の拠点にした。現在はグルンドヴィ・フォーラムが所有して、多くの活動に使用されている。中曽根は、六月二十三日までストックホルムの平和集会（六月十八日編注）に出席したのち、七月三日にソ連に入国するまでの間にコペンハーゲンに来た。

入　500KR
出　30.KR (ENE)
　　27.KR コダック

六月二十六日（土）

朝、手紙を待っていたが来ない。十三時研究所を出てビザの件でヴェスターポートに行ったが閉っていて駄目。一旦家にかえり写楽の絵、美稲の絵［編注］、風呂敷を持ってボーアさんのところへ行く。エスパニアと一緒になる。ローゼンフェルド、フレーメン、ハイデンブルグ、ジョン、オーゲらと一緒になる。御茶のときボーアさんが日本のものをいろいろもってきて説明してくれる。花咲爺、源氏物語などがある。庭で写真をうつす。ハイデンブルグはカーネギーのテレストリアルマグネチズム［地磁気］で研究しているが、less equipment でも more freedom がほしいといっていた。夜はユーゴスラヴィヤ公使館の招待、ここでもボーア、ローゼンフェルド、パウリ＊などやってくる。リンハートと一緒にかえる。

編注　美稲という画家は不詳。日本画家の森村宜稲（一八七二―一九三八）の誤記か？

六月二十七日（日）一時雨

エンセンという画家に会う。十二時半家を出て郵便を出し、カストラップ［空港］に行く。空港行きにのらなかつたため遠い所についていてしまう。途中で荒木氏らのバスと出会ったのでタクシーでとんでかえる（九クローネ）。グリプトテイクに行き平林氏の下宿にむかう。バンレーゼで食事をし、マーブル・チャーチ、イングリッシュ・チャーチを見、ティボリに赴く。ティボリを止め、駅で映画を見る。

1.80KR	ユービン	
9.00KR	［タクシー］	
.80KR	バス	
7.50	タメシ［夕飯］	
5.50	茶	

六月二十八日（月）曇一時雨

受［信］　信子　藤本　韮沢嘉雄
発［信］　信子　UMEZAWA

朝ヴィザをとってからSASで荒木氏に会う。コンゲンス・ハーベを散歩してから研究所に行くと、パウリ、ワイスコップ、コノピンスキーらが来ている。二時からパウリの話をきいてリンハードの車でうちにかえる。飯をくってヴィレッツの家に行き、イタリー、フランス、ドイツ、スイスのムービーを見る。

六月二十九日（火）曇

朝平林氏からの電話にて八、九月のための部屋が見付かったから見に来るようにとのこと。ヘロップ駅にて待合わせることにして家を出る。十時四十分ヘロップで落ち合い部屋を見たがなかなかよい家だ。もし借りるようなら明日正午までに返事をし、一月分三五〇KRを前払いする約束をする。

研究所に行くと素研とプログレスがきている。アラガがディスカッションにくる。食堂に行くとRosenfeldとPauliがFreemanと話をしている。Møllerもやってくる。荒木氏がおそくやって来る。一緒に芸術博物館を見る。コンゲンスハーヴェからコンゲンスニュトロフ、クリスチャンボルグスロットなどを歩く。夕食後ティボリに行く。

荒木氏に二〇クローネ貸す。

六月三十日（水）　［発信］郵便　E研　伊都子　朝永　湯川

朝ブロンステズ夫人に、八月は他のパンションに移ることを話す。九月にマスの部屋をあけるから向こうの家の具合がよくなければ帰って来いという［編注1］。ヘロップへ行って八月分三五〇KRをラスムッセン夫人［パンション経営者］に払う。研究所にてシュルツ夫人からもう五〇〇KR借りる。昼食のときワイスコップがくる。丁度日蝕のころ太陽がでて来たので、エクスペディションでもらったフィルムで見る［編注2］。木の葉の影が美しい。そのころ荒木氏が来る。一緒にKunst Museumの公園を散歩する。Rosen Have［バラ園］のバラの花がとても美しい。

入　500KR
出　350KR　8月分

編注1　「マスの部屋」の意味は不明だが、この日の信子夫人への書簡（99ページ）によると「今自分たちの使っている部屋」のこと。

2　この日昼ごろ、ヨーロッパで皆既日食が見られた。

書簡より

六月三十日　文彦様

今日北ヨーロッパで日蝕が見えました。皆既食の見える帯状の線はグリーンランドからノールウエイ、スエーデンを通りました。丁抹では九十五パーセント位欠けました。十二時半ごろからかけはじめ、十三時四十七分に一番暗くなり、十五時には元通りになりました。この間から天気が良くないので今日も駄目かと思っていましたところ、丁度この時間に雲が切れ、良く見ることが出来ました。木の葉影がみんな三ヶ月［形］に沢山うつってとてもきれいでした。スエーデンは生憎雨だったそうですが、飛行機で雲の上に上ってみた人が沢山あります。では御きげんよう。みなさんによろしく。父

書簡より

六月三十日　千鶴子様

今デンマークには美しい薔薇の花が咲き乱れています。公園に行くとあらゆる色の、又あらゆる種類のバラが見事に咲いています。どの家の窓にもバラの花が見えますし、どこの垣根にも小さな赤いバラが沢山咲いています。今日も午後日蝕を見た後で、国立美術館の庭を散歩しましたが、ここにはローゼン・ハーベ（薔薇の園）というところがあって、バラの中に埋まっているような気持ちになります。美術館の隣がローゼンボルグ（バラの山）城でそこの庭にも沢山バラがさいています。アンデルセンの銅像はこの庭の中にありますが、その近くにもバラの花があります。では御きげんよう。

父

書簡より

六月三十日　信子様

さて早速御知らせしなくてはならないことは八月と九月の住所が決ったことです。この家はブロンステッズ夫妻が八月一杯は海岸に行ってしまうのと、九月には前にいたEdmondというイギリス人が帰るとき九月からの予約をしていったため、折角慣れましたので変わりたくありませんが、他へ移ることにしました。平林さんの世話で、この家から余り遠くない非常に環境のよい便利な場所にパンションが見付かりました。これはパンションですから今迄のような家庭的な雰囲気はありませんが、却って気楽な点もあります。(どこでも老人は親切すぎて困ってしまうこともありますので。今日も先日むし歯が新しく出来たと申しましたところ、旅行に行く前にぜひ歯医者に行ってくるように歯医者に頼んでおいたからと言って、明朝、歯医者に連れて行かれます)

値段は三百五十クローネで百クローネ安く上がります。(その代わり食べ物がどうかと心配しています) 部屋は今迄のところより却って良いくらいです。ブロンステッズさんは八月一杯いてみて、若しよくなければ九月には、二階の今自分たちの使っている部屋を片付けてあげると言っていますが、一月のことですからどうしようかと考えています。(勿論、そのときになってからでよいわけですが)。

この家は食事の具合が非常に良いのと、夫妻とも教養が高くて親切なので、四ケ月ずっとおいてもらえたらよかったと思います。併しこの度の家はここから十分位の所ですので、寂しいときには遊びに来られて大変良いと思います。さてその住所は c/o A.M. RASMUSSEN, NORDKROG 21, Copenhagen, Denmark です。芝生のある広い庭があって中々良い家です。大体このあたりは金持ちの邸宅ばかりあるところで非常に大きな家です。泊まっている人は七、八名いる模様で、四十歳位の太った夫人と十歳前後の二名の子供がいます。女中を一人使っているようです。

七月——英国での国際会議に出かけ、仏独をまわる

七月一日（木）　受信　鎌倉、山田　［発信］　手紙　信子

朝、歯医者に行く。ブロンステッズ氏が自転車でつれて行ってくれる。SASで切符をとりKunst MuseumのRosen Haveの写真をとって散髪をする。もう研究所はランチルームが閉っている。エスパニアと話したのち、研究所の写真をとる。

27KR　航空
5KR　エハガキ
13KR　散髪

七月二日（金）　［発信］　葉書　鎌倉　信子　千鶴子　文彦

朝研究所に行き昼ごろ外出、郵便を出しマガザン・ド・ノールで現像を頼み食事をする。FreeseのHeisenbergの話をきき、又マガザン・ド・ノールに行って鞄を買う［編注］。

上欄メモ　信子誕生日

編注　「Freeseの Heisenbergの話」とは、ハイゼンベルグの「非線形波動方程式の量子化」の理論についてのフレーゼの報告のこと。七月十六日の日記と、七月十九日の日記の後の「素研への手紙」に関連する記述がある。

鞄　28.00

七月三日（土）晴　［発信］信子

朝、平林氏が訪ねて来られ、七十弗貸してもらいたい旨申し出らる。一緒に Kongens Nytorv の銀行に行き、Trav. Check［トラベラーズ・チェック］を Krone［の現金］にかえて渡す。鞄を大きいのとかえて来る。一度家にかえり、弁当を持って研究所へ出かける。途中で食事しコダクロームを買う。ワイスコッフの話は火曜に延期。風呂に入りかえる。夜、大きな鞄を新しい下宿にもって行って預ける。

平林　70$ (480KR)
食事　2.65KR
鞄　2.00
手紙　3.00KR

七月四日（日）

朝、研究所へ荷物の残りをもって行く。午後フォーラムでソヴィエート製品の展示会を見る。Mrs.

FaberからThe［お茶］によばれる。夜はFru Borgbjård［ボービョール夫人］のdinner［夕食会］に行く。スープ、カーフの煮込み、サラダ、苺、カフェー。

七月五日（月）

ロンドンへ出発するため朝七時に起きる。小雨がふっている。ブロンステッズ夫妻も早くおきてボイルド・エッグス等をつくってくれる。出発の際、庭の薔薇の花をつけてくれる。九時十分エア・ターミナルに到着。バスでカストラップ［空港］にむかう。雨がやはりときどきふっている。荷物のチェッキ、旅券検査など極めて簡単にすましエアポートで待っているとハンブルグにいる日本人にあう。十時二十五分出発。そのころ雨は止んでいる。

デンマークの島々が下の方に小さく見える。なかなか陸地から離れないと思っていると、どうも大陸に沿ってオランダあたりまで飛んでいるらしい。十一時ごろ昼食をもってくる（チキンライス、アイスクリーム、パン、チーズ、バター、コーヒー）。そのうち英国の島が見えてきて直ぐロンドン飛行場に着陸する。名古屋から京都へ行くぐらいの感じだ。飛行場に梅沢［博臣］君がむかえに来ていてくれる。一緒にバスに乗りウォーターローのair terminalにやってくるとニラサワ［韮沢］氏が出むかえに来ている。荷物をとりタクシーでパンションにむかう。ロンドンの中心部に近い非常に良いところで、大きな部屋二つからなる立派なところだ。

八日間で十ポンドでよいとのこと（朝食50シリング、チップ五十シリング）。ニラサワ氏は忙しいので帰られる。梅沢君とともに散歩に出、議事堂のところからタワーめぐりの観光船にのってロンドン塔までゆく。ピカデリー・サーカスまでチューブ［地下鉄］にのり、支那料理店香港で支那食を食べる（一ポンド）。トラファルガル・スクエヤまで歩いて帰る。

七月六日（火） 受信　信子（29日付）　［発信］　信子　鎌倉　ブロンステッズ

朝、梅沢氏来る。一緒にオックスフォード・ストリートに出てセルフリッジ百貨店で絵葉書をかい、マーブルアーチのフランス料理店で食事をする。ハイドパークから日本大使館に行き松本大使に会う。フランスへのヴィザを藤本氏にたのむ。ビクトリア停車場からバッキンガム宮殿に行き雷雨に会う。ピカデリーサーカスで食事をして映画をみる。夜藤田［信勝］氏と話をする。

七月七日（水）

九時半ロイヤル・ソサエティ［王立協会］に登録に行く。モット［IUPAP（国際純粋応用物理学連合）会長］にまず会う。次にアマルディにあう。デ・ボアにもあいさつする。マルシャックがやってくる。ホイーラーにあう。二階で休憩しているとフーバー、クリシュナンがくる。小谷［正雄］氏はS・U・N・に出

国際純粋応用物理学連合総会が開かれたロンドン王立協会。7月7日

る［編注］。武藤［俊之助］氏、中村氏らと一緒に食事をする。昼食後、スレーターに会う。一旦ホテルにかえり百貨店に行き、アイスクリームソーダをたべ、ロイヤル・インスチュウションへホイラーをききにゆく。ペランにあう。夜のリセプションでヒル、フント、ヤコブセン、ラスムッセン、ラカー、ハイゼンベルグ、ワラー、コンプトン、ブラケットなどにあう。Prof. Bohrも出席される。

編注　S・U・N・物理量に関する「記号・単位・用語：Symbols, Units, Nomenclature」の国際基準を扱うIUPAPの常置委員会。

七月八日（木）　［発信］　手紙　信子　伊［都子］　千［鶴子］　文［彦］

九時半から総会。Royal Soc. のPresidentの挨拶に始まり、Mottが座長で一般報告がGeneral Secretary［事務局長］のFleuryから行われたのち定款の改正、CERNとの関係などが議論された。昼食はCafé Royalに招待される。Heisenberg＊と同じテーブルにすわる。ライト夫人の隣に座る。午後ＮＰＬ［National Physics Laboratory：国立物理学研究所］を見てからHamptom Court Palace［ハンプトンコート宮殿］の招待会に赴く。カクテルをのんでから城の中を見る。晩餐のときドイツのマイヤー・ライプニッツ、ケルステン、イギリスのチャップマンなどと一緒になる。食後庭を散歩する。

七月九日（金）

九時半より総会。昼食後、Royal Societyの二階の図書館にてNewtonの*Principia*の第一版、手紙、反射望遠鏡などを見る。又Ørsted［エルステッド］からFaraday［ファラデー］への手紙、Royal Soc.のMemberのSignなどを見る。午後大使館にて旅券をもらう。夕食フライラリオン。夜藤田、韮沢氏に会う。

七月十日（土）［発信］Fujimoto

九時半総会。十一時に終了。昼食後リゼントストリートを通ってかえる。ブリティッシュ・ミュウジアムを見てキングス・クロス駅に行く。ユーストン駅でグラスゴウ行きの切符のSeat Reservationを行う。夜、韮沢氏とスコットへ行く。

七月十一日（日）

朝バッキンガムからセントゼームス、ウェストミンスターへと散歩する。途中でスレーター、ラカー夫妻などに会う。オックスフォード・サーカスで食事をしてかえる。藤田氏とオックスフォードまでドライブに行き途中で食事をする。

七月十二日（月） 受信　信子　田中

ロイヤルスコット〔編注〕でグラスゴウへ行く。菊池、荒木氏と同道。リセプションでベーテ、マッシュウ、プロカに会う。

編注　ロイヤル・スコット (Royal Scott)　ロンドンのユーストン駅とグラスゴー中央駅を最短時間で結ぶ特急列車。

七月十三日（火） 受〔信〕　信〔子〕　〔発信〕　葉書　信子

会議の第一日、デイ〔グラスゴー大学教授〕の挨拶。コッククロフト・チェアマン〔議長〕。まずマッシーが核力の現状をのべる。マルシャクのメソンセオリー［中間子論］はあまり新しい話はなく、時間切れで尻切れとんぼにおわる。討論は殆どない。

午後パイエルス議長、ホイラーのSurvey［原子核モデルの概観］は浅く広く大したことはない。討論はない。Interval後サボル。

ガン［Gunn, J.C.］のリセプションでカイアニエーロ、ハカセ［編注］、ワタギン、チオムノ、Lopes、コノピンスキーにあう。

編注　ハカセとは、スウェーデンのファクセン（Faxén, H. 一八九二—一九七〇）か、ドイツのハクセル（Haxel, O. 一九〇九—一九九八）ではないか。

七月十四日（水）

朝銀行で金を二十ポンドかえる。フィルム二本をかい、ワイスコップにまに合うようにかえる。午後のWu［Wu Chien-Shiung：呉健雄］の話はこれまでの圧巻。RaEのスピンは1にきまった由［編注］。

ポーランド代表四名来る。ヴエッツレと話をする。インフェルトには会えない。

アートギャラリーのリセプションでウ、カイアニエロなどと議論する。

RaE ライムライト
エピソード 0−0(No)
1−0

Werle

編注

RaE（ラジウムE）は、ウラン238から始まる放射性壊変系列の中間体であるビスマス210の歴史的名称。

天然放射性核種であるウラン238は、α崩壊とβ崩壊を繰り返し、最終的に安定な鉛206になる。その途中でラジウム226となり、さらに崩壊を重ねるのだが、途中の原子核をラジウムA, B, C…と名付けた。ビスマス210（RaE）は鉛210（RaD）のβ崩壊で作られ、さらに半減期5.012日でβ崩壊してポロニウム210（RaF）になる。このポロニウムがα崩壊して安定な鉛206に至る。

ビスマス210（RaE）のβ崩壊で放出される電子のエネルギー分布が特徴的な形をしていたので、このころ日本の山田勝美の解釈と米国のマルシャクたちの解釈が対立し、注目を集めていた。

七月十五日（木）

受信　信子　フジモト　パウエル

エクスカーション。快晴。ハイゼンベルグの写真を撮る。インフェルド［Infeld, L. *］と話をする。彼は平和委員会の委員で平野［義太郎］氏にあったことを話す。羽仁［五郎］さんのことを喋る。ポーランドに来ないかという。ブロヒンツエフ、ヤノッシーには反対の由。東欧諸国との連絡は余り良くない。

500万人 killed in Poland

ローゼンフェルドがワット［Watt, James（一七三六―一八一九）］の生誕の地を教えてくれる。途中で島におり、昼食をとる。五時過ぎ船をおり汽車で帰る。

七月十六日（金）

朝、ベーテの講演。昼食。午後ハイゼンベルグの講演。300MeVのビータートロンを見る。夜、コンフェレンス・ディナー［会議晩餐会］。アトミックニュークレアス［原子核］のスピーチあり。

七月十七日（土）

朝すこしおくれて会議に出席。ダイソン［Dyson, F.J.］をききそこなう。午後、バトラー、ルプランス・ランゲ、ソーンダイクが講演する。$K_\mu \to \mu +$ one neutral はall＞0。τが人工的にできた由［編注］。パイスの話には新しいところがない。

編注　「K_μ…はall＞0」は、「ミュー粒子と一個の中性粒子に崩壊する$K\mu$粒子の電荷はすべてプラス」という意味。今日では、τは電子などのレプトンの仲間だが、当時はパイ中間子三個に崩壊する中間子をτと呼んでいた。

七月十八日（日）

荒木、菊池氏とともにリバプールに行くことにする。九時半梅沢〔博臣〕君が自動車でやって来たのでその車にのって駅に行く。梅沢M〔實〕君同道。五時半リバープールにつく。小谷氏らと会えなかったのでホテルをとり、支那料理を食べる。

七月十九日（月）晴

九時四十五分梅沢〔實〕君がむかえに来て〔リバプール〕大学に行く。フレーリッヒ〔Frölich, Herbert〕に会う。武谷〔三男〕はどうしているかという。Diracのアメリカ行きのVISAが拒否された話をしてくれる。Nuclear Phys. Reserch Lab.〔原子核物理学研究所〕を見に行き、9MeVのサイクロトロン（Dのstripping）、四〇〇MeVのプロトン・シンクロサイクロトロンを見る(六〇万ポンドの建設費)。この大学は80%の経費が政府からでているが、政府の制約を受けないハッピーシチュエーションにある由。

一MeVのコッククロフトはHe^3（ハーウェル）を加速している由。午後梅沢君の案内で公園に行く。四時半の汽車でマンチェスターに赴く。品香楼で支那料理を食べる。ローゼンフェルドに電話すると明日ベルシュラムにたつ由。

素研［素粒子論研究］への手紙［編注1］

その後すっかりご無沙汰いたしましたが御元気ですか。

小生七月五日の飛行機でロンドンへ到着。七日より十日までＩＵＰＡＰの総会へ出席しました後、十二日の汽車でグラスゴウへ出かけ原子核のシンポジウムをききました。総会は極めて形式的で少しも面白くありません。執行委員会の決定がほとんどうのみにされ、新しい執行委員の選出ですら前の委員会の提案をそのままみとめるといった具合です。なにしろ政治的な問題にはなるべくタッチしないようにしているため、執行部へ委してよいような問題ばかりしか議論されません（どこかの国にもそんな委員会があるようですが似ています）。日本学術会議から送られた水爆問題についての外国科学者へのアピール［編注2］は執行委員会でモットから小谷さんへ返されたそうです。

そんなわけで総会の主な議題は次の三年間にどこでどんなシンポジウムをひらくかということで、われわれに関係あるものとしては、来年九月メキシコで宇宙線、イタリーのピサで素粒子のシンポジウムが夫々ひらかれることになりました。ピサの会にはぜひ貴兄が出席されるよう希望して止みません。

今度の総会にはポーランド代表としてインフェルドがくることになっていましたので期待していましたが、ついに最後の日まであらわれませんでした（結局グラスゴウに姿をあらわし、ついに会うことが出来ました)。又パウエルにはイギリスの代表として出席する予定になっていましたので会えるかと思いましたが、風船拾いに忙しくて、とうとう来ませんでした[編注3]。グラスゴウのあとでブリストルに行くことにしましたが、彼は休暇をとって、いない由ですので、彼とは結局会えないことになり誠に残念でした[編注4]。藤本氏はグラスゴウを止めて、コモで開かれる宇宙線のサマー・スクールに出かけましたので、彼とも行き違いになり甚だ残念でした。

さてグラスゴウの会の話ですが、各国の理論家・実験家合計三百名が一堂に会したのは壮観でしたが、会場の構造が極めて悪かった(とくに音響効果が)のと、プログラムがつまりすぎていたため、討論の時間がほとんどなかったばかりか講演もちぢめられ、昨年日本でやった学会の方がまだしもましだったように感じました[編注5]。理論家と実験家が一緒のためでしょうが、講演はきわめて低調でした。とくに日本のようにアメリカにたくさん斥候を送り絶えずニュースをうけとっている早耳のところにいては、すでに旧聞に属することばかりしか喋られませんでした(もっとも小生の英語を聞く力の不足のために、聞き落としたことの中に面白いことがあったのかも知れませんが)。

第一日の核力及び核子散乱はマッシーのサーベイとマルシャックのメソン・セオリにはじまりましたが、誠につまらないものでした。とくにマルシャックは半分も話さないうちに時間切れになってしまいました。あとのショート・コミュニケーションでは流行りのポーラリゼーションの実験がたくさんしゃべられました。

ホイーラーのニュークリヤ・モデルのサーヴェイは広く浅い話で得るところがありませんでした。前半のピカ一の講演はWuのビーターdecayの相互作用の話で、きわめて明快な話しぶりで満場の大喝采を受けました。彼女の話によると最近ケンブリッジのスミスがRaE Atomic beam［原子線］をつくりラビの方法でスピンを決定したところ1ħだったそうで、マルシャック、ペチェックのPS［擬スカラー］による解釈は駄目になり、山田［勝美］氏の解釈が正しかったことが証明された由です。

後半で面白かったのはハイゼンベルグのノンリニアーセオリーとパイス・ゲルマンのセオリーでしたが、いずれも新しい話ではありません。唯ゲルマンセオリーでは$N+N \to V+V$の過程が禁止されるので、パイスとゲルマンの良否はこの過程の存在を明らかにすれば良いということが強調されたのが目新しかったくらいです。

新粒子についての実験データーではK_{μ}^{+} ($\mu^{+}+1$ neutral) がすべて+chargeを持っているというルプランス・ランゲの講演はフランス語と英語をチャンポンにして結果が面白いばかりでなくなかなかユーモアにとんだものでした。ソーンダイクの人工新粒子の話は大体*Phys. Rev.*に出たものばかりでしたが、τが人工的に出来たらしいという点が注目に値しました。

第三日目に行われたエクスカーションは、貸切の船で河を下り半日間全員が船の中に閉じ込められましたので、いろいろな人と話し合う機会がえられました。とくにポーランドのインフェルドとヴェルレという field［場の理論］をやっている若い人に会って東欧の話をきいたのは有益でした。ポーランドには *Progress*［*of Theoretical Physics*］の一九五一年と一九五二年が来ていないので、羽仁さんに会ったときもお願いしたが早く送ってもらいたいとのことでした。ワルシャワに来ないかとすすめられますので、日本の大学教授の多くは官吏であるため厄介な問題のあることを話しましたところ、何とかして来るようにとのことでした［編注6］。

上欄メモ

フレーゼ［Freese］が［七月二日にコペンハーゲンで］語ったようにハイゼンベルグの哲学と数学の間にはギャップがある。誰も彼もフィロソフィには賛成だが、そのマスマティクは分らないというのが大部分だ。フィロソフィが具体的に展開できないのはまだ何かエトワスが不足しているためであろう。

座長メラーはこの講演には山の様に質問（lot of question［s］）があるだろうといったが、座長が形式的な質問をした以外、誰も発言しなかったのは誰もこのエトワスを感じとっているものがなかったためだろう。

編注1

「素粒子論研究」には海外通信欄があり、海外からの研究情報を受け取った人は、この欄に公表することが習慣だった。第六巻十二号（一九五四年九月）には坂田から武谷三男宛のバーミンガム七月二〇日発の手紙と、湯川秀樹宛ロンドン七月二五日発の手紙が掲載されている。坂田がこの日の日記に書いた「素研への手紙」は、これら二通の下書きである。

2 日本学術会議は、ビキニ被曝事件を踏まえて、第一七回総会の一九五四年四月二三日に「原子兵器の廃棄と原子力の有効な国際管理の確立を望む声明（英文）」を採択し、これを全世界の科学者および科学者組織に呼びかけた。坂田は同会議の第四部幹事であり、小谷正雄は物理学研究連絡委員会委員長だった。小谷は、六月十二日の毎日新聞に、この声明はIUPAPの本部に届けてあるから「当然、連合（IUPAP）総会としても議題にのぼるでしょう」と語っている。しかるに、IUPAP総会の執行委員会はこの問題を総会で取り上げないことにしたのである。

3 「風船拾い」とは、観測装置を吊り下げた気球を高空にあげて観測を行い、観測終了後に地上に落下させた装置を探し出して回収することを言っている。

4 パウエルは、湯川秀樹の中間子論（一九三四年）と坂田昌一・井上健の二中間子論（一九四二年）が正しいことを一九四七年に実験で確認し、一九五〇年のノーベル賞を受賞した。

5 「昨年日本でやった学会」とは、東京・京都で一九五三年に開催した国際理論物理学会のこと。

6 この当時国立大学の教官が、社会主義国に行くには、文部省と外務省と法務省の許可をもらう必要があった。

7月20日のメモ1：
マンチェスター大学の宇宙線研究室で、ユングフラウヨッホでの実験、ホドスコープを用いた実験などの話を聞きながら書いたメモ。寿命が短くて地上まで到達できない素粒子や、大気の粒子によって吸収されたり、散乱されたりする前の粒子を捕まえようとして、高山の上で実験が行われてきた。

七月二十日（火）小雨

十時に［マンチェスター大学］物理学実験室にポドランスキーを訪ねる。彼は非常に親切な人で何から何までアレンジしてくれてある。Prof. Rochesterと会ってμ［ミュー粒子］のアマノラス・スキャッタリング［異常散乱］の話をきいてから、まずホドスコープ［宇宙線の飛跡を見る装置］でμの異常散乱を測定している実験室を見る。これまでμの実験は皆地下で行われていたが、ここでは100 BeVのμの測定が行われている。次にスキャンナー［画像読み取り係］の大勢いる室に連れて行かれPic du Midi［ピレネー山脈の山］で行われているKのlife［寿命］の測定の話をきく。又シンガポール－ロンドン間の飛行機（三〇、〇〇〇フィート）の中につまれたエマルジョン［原子核乾板］でHeavy Meson［重い中間子］と$\pi^{\pm}$ interact［相互作用］をさがした結果をきく。二つのτ、一つのK decay、一つのK int［相互作用］、ついでMag. Exp［磁場をかけて行う実験］について話を聞く。食事の前にファウラーからμのAnom. Scat.［異常散乱］の理論をきく。

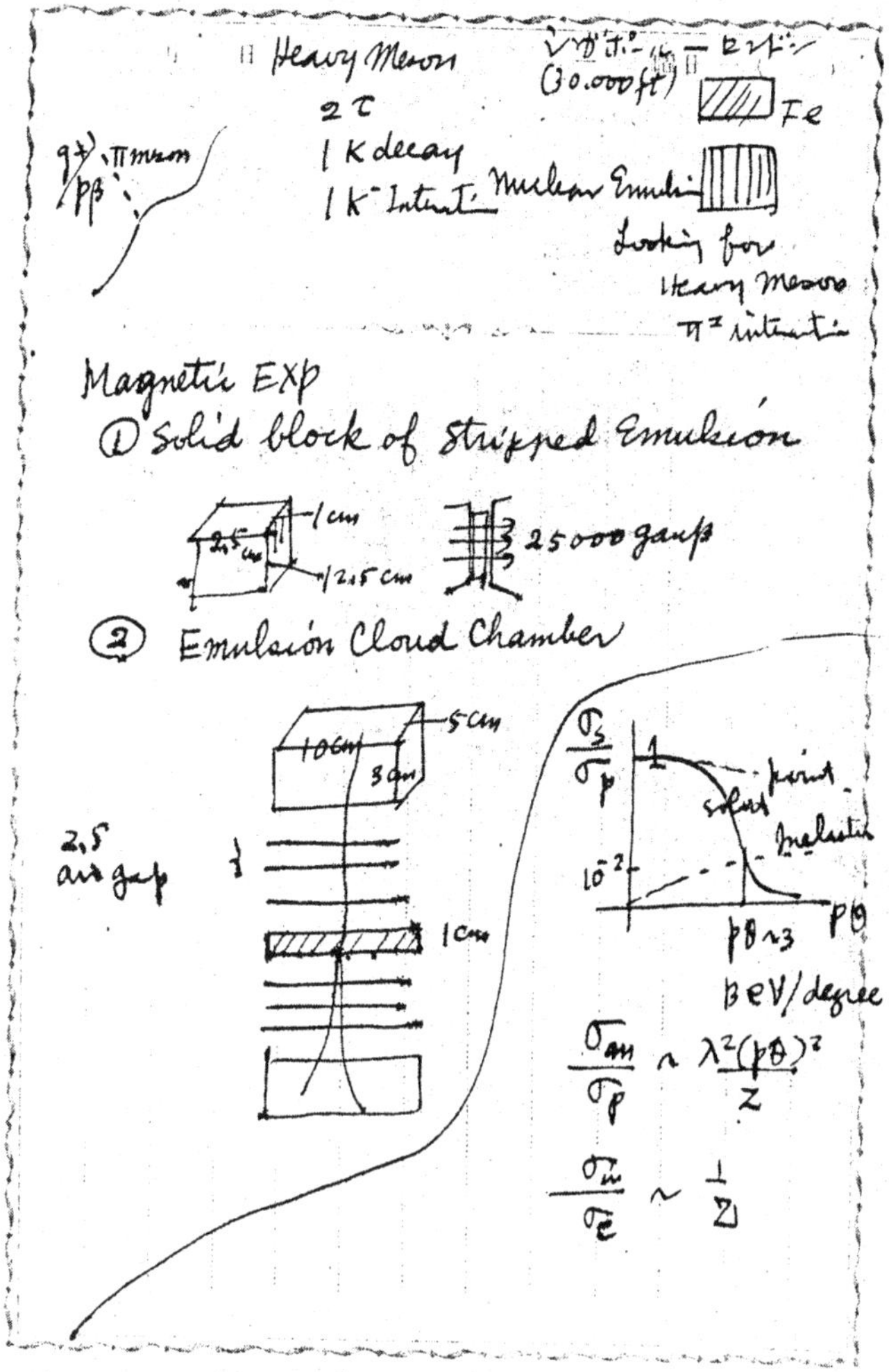

7月20日のメモ2：
マンチェスター大学の宇宙線研究室で、シンガポールからロンドンまでの定期航空便の飛行機に積んだエマルジョンに飛び込んで反応した宇宙線粒子を調べる実験や、磁場をかけた実験などの話を聞きながら書いたメモ。

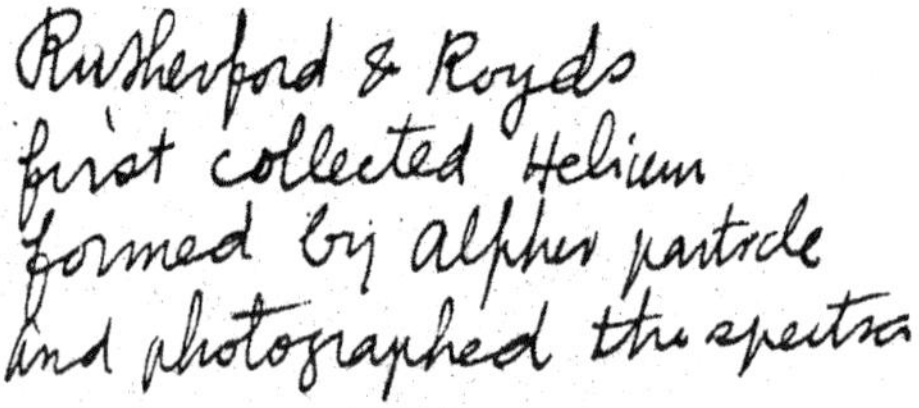
Rutherford & Royds
first collected Helium
formed by alpha particle
and photographed the spectra

7月20日のメモ3：
Rutherford & Royds first collected Helium formed by alpha particle and photographed the spectra. ［ラザフォードとロイズは、アルファ粒子から生成されたヘリウムをはじめて採取し、スペクトル写真を撮った。］［編注］

昼食はファウラーも同道。ポドランスキーがみんな払ってくれる。食後、ロチェスターも一緒にコーヒーをのむ。次にJAMESからユングフラウヨッホでとった写真をみせてもらう。double Vがあるがコインシデンスの由。Rutherfordらがα［アルファ粒子］の散乱とか［原子核の］人工破壊をはじめてした実験室をみたのち、ヘルツベルグからα particle Model［アルファ粒子モデル］の話を、Robertから軽い核のマスデフェクト［質量欠損］の計算をきき、お茶をのんで電気計算機をみる。一〇〇、〇〇〇ポンド（注文して三ヶ月で出来る由。工場で働いている人間は百名）で買ったものだそうだ（アメリカでは三〇〇〇人の人間の働いている工場にたのむと数日で出来る由）。

　四時にタクシーで送ってくれる（ヘルツベルグが駅までくる）。四時四十五分の汽車にのり七時にバーミンガム着。パイエルスが駅にむかえに来てくれる。ミッドランドホテルに荷物をおいてからパイエルス邸で食事によばれる。ハヤシライス、サラダ、パイ。（ダイソンも来た由。）自動車で送ってもらう。

編注　ラザフォードとロイズは、マンチェスター大学で一九〇八年に、ラジウムからのアルファ線をガラス管の中に集めてヘリウムのスペクトルを確認し、アルファ線が「電気を帯びたヘリウム」(ヘリウムの原子核のこと)であり、電気量が水素の(原子核の)電気の二倍であることを結論した。

七月二十一日(水)

荷物を駅に預け、十時半バスにのって[バーミンガム]大学に赴く。パイエルスは早速スケジュールを説明してくれる。まずFluorescence[蛍光]の実験を見たのち、原子核のマグネティックモーメント[磁気能率]の計算について討論する。ダイソン、ゲルマン[Gell-Mann, M.]も一緒にきいている。昼食をすましたのち、一BeVシンクロトロン(Proton)と60インチのサイクロトロンをみる(建設費二五〇、〇〇〇ポンド)。

更にHigh Speed Rotorを見せてもらったのち、エドワードと話をして四時半の汽車でロンドンにかえる。藤田氏の部屋でコトブキ屋の重役に会う。夜支那料理を食べに外に出る。

七月二十二日(木)曇　受[信]　信子(七月二日)　鎌倉(二通)　発[信]　信子

十時銀行にてトラベラー・チェックの十ポンドと十$を現金にかえる。セルフリッジで買物をし、食事をとる。午後散髪をして、ビザをのばしてもらうため大使館に行くと文部省の稲田氏、中審□《ママ》氏、慈恵医大の寺田氏らにあう。BEAに行き二十七日の飛行機を予約し、夜は人形芝居を見る。宿にかえると大阪の西脇［安］氏に会う。又加藤氏、佐藤氏、その他に紹介さる。藤田氏の部屋で三時まで話をする。韮沢氏が手紙をもってきてくれる。

七月二十三日（金）曇

朝セルフリッジで地図を買う。十二時二十四分の汽車にリバプール・ストリート［駅］より乗車。ケンブリッジにゆく。少し待つと小谷氏らがやってくる。Pearlが案内してくる。まずモンド［Mond］Lab.で低温の実験を見学。キングス・カレッジの図書室で御茶をのむ。キャベンディッシュ［Cavendish Lab.］に行き、まずスミスのRaEのSpinをきめた実験室を見、コッククロフト（1MeV及び2MeV）、サイクロ（8MeV）、ファンデグラーフ（3MeV）を見る。二階博物館で仁科氏らの写真を見る［編注］。ニュートンのいたトリニティカレジ［Trinity College］を見てかえる。

編注　仁科芳雄は一九二一年十月から一九二二年八月までキャベンディシュ研究所のラザフォードの下で研究。

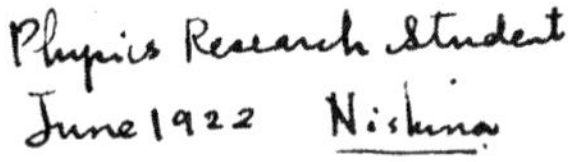

7月23日のメモ：
Physics Research Student June 1922　Nishina

七月二十四日(土)曇り

朝、菊池氏来訪。共に出かけ、郵便局でコダックへ〔現像のため〕フィルムをおくり、銀行で五〇弗を現金にかえる。藤田氏とともにタクシーでイエガーに行き大倉さんの買物をする。又家へスコッチの毛布を一枚送る。昼食をとり、ホテルにかえって荷物の整理などをしていると菊池さんが現れる。五時から加藤周一氏*を加えて毎日の座談会を行ったのちクラーリッジで夕食をとる〔編注〕。

編注　この座談会の内容は八月五日と六日の毎日新聞に掲載された。(本書203ページ)

シャツ	5ポンド×2			
シャツ	3ポンド	6シル		
毛布	3ポンド	10シル	3ペンス	
昼食	1ポンド			
	17ポンド			
ズボンツリBraus	1.	9		
	19ポンド	5シル	3ペンス	

七月二十五日（日）雨

雨がひどく降っているので午前中はホテルで本をよんでいる。昼食は香港へ行き支那ランチを喰う。ナショナル・ギャラリー、ブリティッシュ・ミュージアム（ナチュラル・ヒストリー）、サイエンス・ミュージアムを見物する。サイエンス・ミュージアムにはダルトンの手紙、小遣帳、講演の印刷などがある（マンチエスター大学所蔵）。ウラニウムの延べ棒をはじめて見る。アストンのマススペクトロメーター［質量分析器］、コッククロフトの装置などのオリジナルがある［編注］。一度ホテルにかえったのち華南酒店に支那そばを食べにゆく。

昼めし	600
ばんめし	700
	1300

編注　ドルトン（Dalton, J. 一七六六―一八四四）は、原子説を提唱したイギリスの物理学者、化学者。アストン（Aston, F. W. 一八七七―一九四五）は、非放射性元素における同位体（アイソトープ）の発見と質量分析器の開発に対して一九二二年のノーベル化学賞を贈られたイギリスの物理学者、化学者。

七月二十六日（月）雨後晴

買物に出かける。まずRegent Streetに行きJaegerその他を見てからOxford StreetをSelfridgeまでひきかえし、昼食をとる。Doeskin［雌鹿革］の手袋、土瓶敷、サンドイッチ差しなどを買う。Regent Streetでスカーフ（男物）一、Jaegerでスカーフ（女物）三を買う。Oxford Streetで京大の井上君に会う。夜香港で夕食。ホテルにかえると藤田氏、横川氏らに会い、座談会の原稿をもらう。校正してかえす。

七月二十七日（火）晴（風が強い）

朝七時に朝めしがくる。タクシーで九時まえにウォーターロウ・エアターミナルに行く。九時半バスが出発。ロンドンエアポートを十一時半近く飛行機が出る。暫くして外を見るともう英仏海峡をこえフランスに入ろうとしている。またたく間にパリに着く（十二時二十分）。

エアポートで十弗かえ、一〇〇フランはらってインバリード・エアターミナルまでバスにのる。エアターミナルでパリ案内記を買い、二〇弗かえたのちタクシーでシテ・ウニヴェルシテールに行く。メーゾン・デュ・ノールウェージに宿泊。メーゾン・デュ・ジャポンに行き、信子、鎌倉からの手紙をうけとる。帰ると菊池氏に会う。一緒にメーゾン・デュ・ジャポンに行くと荒木、武藤氏らがつく。夕食を食べにリュクセンブルグまでゆき、公園、パンテオン、ソルボンヌ、コレジ・ド・フランスなどのまえをとおると仁田氏に出会う。大三元で支那めしをくい、徒歩で湯浅［年子*］氏の下宿を訪ねたがいない。みんなに別れエトワールからシャンゼリゼを散歩。メーゾン・デュ・カフェーでアイスクリームをたべ、エハガキをかってかえる。

出国料	50/
バス	50/
バス	300フラン
タクシー	400フラン
晩飯	630フラン
アイスクリーム	115フラン
エハガキ	300フラン

七月二十八日（水）

八時菊池、武藤氏らとともに宿を出て、メーゾン・デュ・ジャポンへ行くが、荒木氏が見えない。菊池、仁田両氏と大学の前のコーヒー店でコーヒーをのみ、パンをたべる。上欄メモ　メーゾン・デュ・ジャポンへかえり、荒木氏の部屋でバナナの御ちそうになったのち、サロンにおり、信子へのハガキをかいていると、ウエムラ氏が藤原さんとともに現れる。郵便局で葉書を（六十三フラン）出し、コレジ・ド・フランス［Collège de France］へ行くが誰もいない。ラジウム研究所も空。アンリ・ポアンカレ研究所で図書室を見て昼食にする。タクシーでボンマルシェに行き、菊池氏と別れ、エッフェル塔の頂上にのぼる。そのうち雨になったがすぐ晴れ、虹がノートルダムからエトワールにかかる。夜菊池、荒木、武藤の三氏とともに大橋氏をおごる。

上欄メモ　カフェオレ、エ、クロアッサン

七月二十九日（木）

朝菊池氏を送り、ソルボンヌのクリスタログラフィーの会へ行き、バナール［Bernal, J.D.］へ手紙を渡そうとしたが昼休みで誰もいない［編注］。地下鉄でボンマルシェに行きアルパカの灰色の布地とボタンを買い、三階で食事をする。又ソルボンヌに帰ろうとすると仁田氏に会い、一緒に紅茶を飲む。ソルボンヌで手紙を渡したのち、ノートルダムへ行き、裁判所の前からバスにのって、パレ・ロワイヤルへ行き、ルーブルの前を散歩しているとチオムノとローペスに会う。一緒にオレンジジュースをのみ別れる。彼らはあすサクレ［Saclay CEA：フランス原子力庁サクレイ研究所］に行く由。一度ホテルに帰ったのちコメディー・フランセーズでモリエールの「女学者」を観る。

編注　坂田は一九五一年に、バナールの『科学の社会的機能』の翻訳を創元社から出していた。

七月三十日（金）

朝荒木氏を訪れる。ウエムラ氏の部屋を見せてもらう。湯浅氏が帰っている由なので昼ルクサンブルグで会うことを約し、部屋で手紙をかく。二時ごろルクサンブルグに行くと湯浅氏がまっているが、荒木、武藤両氏はなかなか来ない。そのうちペラン[Perrin, Francis]に会う。大三元で食事をしてからユネスコ本部に行きオージェー[Auger, Pierre]にあおうとしたがあえず、次席の人に会う。サクレが見たいというが結局休暇で駄目。相良氏の部屋でだべる。AIR FRANCEで飛行機の予約をし、シャンゼリゼからアレキサンダⅢ世橋をとおり、セーヌのふちを歩く。さらにコンコードまで歩き、地下鉄でモンパルナスまで行く。

七月三十一日（土）

朝買い物にオペラまで行き、ラファイエットでアルパカの生地をみる。この方がボンマルシェよりよいので残念に思う。一時ルクサンブルグで荒木、武藤、湯浅氏らに会い、一緒に食事をして、プランタンに香水を買いにゆく。昼のワインによい、早くかえってねる。

八月――コペンハーゲンに戻り、国内旅行。森田たまと知り合う

ジョリオ・キュリー家における湯浅年子。

八月一日（日）［編注］

シャンゼリゼで朝食をとり、ルーブルの印象派の展覧会を見る。一度宿にかえり一時半に駅に行くがなかなか湯浅氏がこない。二時にやってきて一緒にジョリオのところに行くがいないのでソーの公園を散歩してかえる。中村、高柳両氏とシテで会う。一緒にメーゾン・デュ・ジャポンに行き、荒木氏の部屋で途中で買った菓子を食べる。

編注　八月一日には二つの日記が残されている。

八月一日（日） 手紙　信子へ書く

シャンゼリゼで朝食をとり、エリゼ宮からコンコルド広場に出、ルーブルの印象派の展覧会を見てバスで一度宿にかえる。湯浅氏とともにジョリオの宅に行くが昨日海岸へたった後とのことで会えぬ。ソー公園を散歩して宿にかえり、夜荒木、湯浅両氏とともにオペラコミックでカルメンを見る。星島氏に会う。

八月二日（月）晴 発信　信子

ルクサンブルグで朝食をとり、パンテオンを見てからバスでセーヌのふちでおりる。プチ・パレ［美術館］で絵や彫刻のコレクションを見、シャンゼリゼをエトワールまで歩く。アベニュ・フォッシュで写真をうつし、ボア［ブーローニュの森］の入口までバスにのる。レストランで昼食をすましブローニュを散歩したのち、地下鉄で再びシャンゼリゼにかえり、バスでサン・ラザールまで行き、オペラの方に歩く。オペラでアイスクリームをのみ、バスでルーブルまで行き中に入る。再びバスでオペラにかえりSASの予約をしたのち、又バスでルクサンブルグにかえる。夜、湯浅氏に豚の丸焼きの御ちそうになる。中村、高柳氏らに会う。

八月三日（火）

ルクサンブルグにて朝食。まずサクレ・コールにゆく。バスでプラース・クリーフでおり、歩いてモン・マルトルの山頂まで登る。茶店で休んでアイスクリームとコーヒーをのむ。

茶店の前で画かきが画をかいている。サクレ・コールの内部に入ったのちケーブルでおり、メトロでサン・ラザールに戻る。オ・プランタンとギャラリー・ラファイエットを見るが、なかなか買うものがない。ついにプランタンでウビアンの香水を四本かい、SASでフランクフルトからの切符を確認した後、宿へ戻る。荒木氏と大三元で食事をし、メーゾン・デュ・ジャポンに立ちよると西脇〔安〕夫妻に会う。

八月四日（水）

七時五十分、シテを出、メトロでアンバリードにむかう。九時のバスでエアポートに行き、一〇・二〇分に離陸。十二時すぎフランクフルトにつく。ラッゲージをAir Franceにあずけたまま、街をブラつき木陰のレストランでアイスクリームをたべる。街の公衆便所に入ると自動販売機で衛生器具をうっているのが目に付く。停車場に行きボンへ行く汽車をしらべて見る。ホテルの予約状況が表になってでているのを見て感心する。結局フランクフルトでとまることにし、武藤氏のいるHessischer Hofに行くが部屋がなく、Wagner Hausを紹介してくる。十四マルクでバス付のよい部屋だ。マイン河畔まで散歩に出、明朝七時に出るライン下りの舟の切符を買い、泰東という支那料理屋で晩めしをくう。

八月五日（木）晴

五時半に起き六時過ぎに食事をしてUnter Main Brückeに行きライン下りの舟にのる。七時十五分まえに行くと、もう大勢のりこんでいる。七時に出発。途中ダムのようになっていて舟がたまると水を落とし、下流にすすむところがいくつかあり、非常にゆるやかに下って行く。ところどころにドイツらしい城が見える。ネズミ城［Burg Maus］を左に見てさらに下る。Oberweselのあたりで赤信号のためしばらく止まっている。そこを下るとSieben Jungfrauen［七人の乙女岩］を左に見、右にローレライ［Loreley］が見えてくる。船の中でローレライの合唱がはじまる。猫城［Burg Katz］が見えるともうSt. Goarに着き、そこで舟を出る。ホテルで食事をするとなかなか美味しい。（スープ、サラダ、ポテトフライ、カーフのビフテキ、アイスクリーム）

三時五十五分の汽車にのり、五時半にフランクフルトにかえる。舟で六時間半かかったところを一時間半でかえる。夜、散歩に出、マイン河畔からグロスハウムの方へ歩き、木陰のレストランでビールをのむ。

八月六日（金）晴

八時半朝食。勘定（三十八マルク）を済ませて荷物を駅にあずけゲーテ・ハウスへ行く。ゲーテの原稿や手紙などを陳列した博物館を先に見てから、住居の方を見物する。これは空襲でこわされたが元通りに復旧しており、中の調度品は疎開してあったため元通りだ。ピアノ、時計がすばらしい。

パルム植物園へ行き、昼食を食べ、Air France で Luggage をとってSASへもって行く。四時二十分フランクフルトを出て六時半ごろコペンハーゲンにつく。やはりここが一番おち着きのある街だ。下宿にかえると南側のテラスの付いた一番良い部屋を割当ててくれている。風呂に入り荷物の整理をすると、雷雨がやってくる。

八月七日（土）雨後晴

受信　信子　柿内　千鶴子　　発信　信子　鎌倉　柿内

八時、部屋に女中が朝食をもってきてくれる。研究所に行き郵便の整理をしたのち、マガジン・デュ・ノルドに行き写真を受取り、オープン・サンドウィッチの料理の本を買う。ここで昼食をすまし、床屋へ入る。ワルトフに平林氏を訪ねるがいないので、ティボリに入り木製の猿とネズミを買って駅で映画を見たのちS電車で帰る［編注］。平林氏に電話をすると六時にワルトフに来ないかとのこと。ワルトフで信濃教育会の上條憲太郎氏と国立東京第二病院病理主任の竹内正氏に会う。又こちらへ遊学中の森田氏らも来ている。一緒に食事したのち、又ティボリに入り、散歩をしてかえる。

料理の本	13.50	猿	23.00
散髪	12.00＋1.25	ネズミ	3.50
Rabatkort	2.00		
映画	1.00		
夕食	8.50		

編注　「木製の猿」は、クラフト・デザイナーのカイ・ボイセン（Kay Bojesen 一八八六－一九五八）が一九五一年に発表したチーク材の作品。サイズは二〇センチ。おもちゃとして遊ぶことも、置物として置くことも、吊り下げて、何匹もつなげることもできる。137ページと176ページのスケッチと153ページの写真にある。

八月八日（日）小雨ときどき晴

丁抹は涼しくて、パリやフランクフルトの暑さが嘘のようだ。むしろ薄ら寒くてセーターを着てもまだ涼しい。朝食をすまし、手紙を書き始めたがインキがなくなったので止す。大沢氏の送ってくれた毎日新聞の切抜きに眼を通す。十二時十分ドラがなり昼食に階下の食堂に下りて行く。初めてここに泊まっている人達に会う。老人も青年もいるが皆丁抹人らしい。食事の献立はカーフの蒸し焼きと

orange	1.00
chocolate	2.00

ジャガ芋、人参、花野菜、デザートはプディングとコーヒーで味はなかなかよろしい。矢張り丁抹の食糧事情の良さを思わせる。食後へロップからシャロッテンルンドへの道を散歩する。途中で小雨に会い、雨宿りをして直ぐ帰ってくる。オレンジ二個（二クローネ）を自動販売機で、チョコレート・ボックス（二クローネ）を菓子屋でかってくる。

八月九日（月）　受信　信子　尾崎　毎日　発信　湯浅　羽仁　谷川　奥平　荒木

夜中に時計が止まったらしく朝何時だか分らない。まだねているうちに朝食が運ばれてくる。八時に合わすが、あとで二十分進んでいたことが分る。研究所に行くと信子と尾崎氏の手紙、毎日の切抜きなどが来ている。羽仁氏、谷川氏へ手紙を書いたのち、昼食をすまして街へ行く。コペンハーゲンと丁抹の地図を買う（10クローネ）。イルムで合成樹脂のサジとフォークを買う。マガザン・デュ・ノールで写真の現像をたのみ、ホテル・アングレテールでアイス・チョコレートをのむ（四クローネ）。

も一度研究所にかえり荒木氏へ手紙をかく。五時にうちにかえり抹茶をのむ。食後、荒木、奥平、文彦への手紙を出しに駅に行く。夜久し振りに信子へ手紙を書く。

地図	10.00
サジ、フォーク	1.00
アナルカ	1.00
スポンジ	1.00
アイス	4.50

八月十日（火）雨のち晴

朝、研究所でEdmondに会う。Willetzの部屋にいる由。図書室でLehmann, Jauchの論文を借りてくる。午後お茶を飲みに出てかえるとボップから電報が来ている。

夕食後散歩に出てバナナを買ってかえる。

受信　湯川　コダック　ボップ（電報）
発信　信子　竹鶴　ボップ　高林

書簡より

八月十日朝　信子様

［前略］今度の下宿は素晴らしく良い部屋で食事も美味しいので益々嬉しくなりました。未だ慣れないうちはBrøndstedさんのように細かい世話を焼いてくれる人のところの方が良かったでしょうが、もう今ではこんどの下宿のようなところの方が気兼ねがなくて却って気楽です。

朝食は八時に女中が部屋に運んでくれますし、昼の弁当も一緒にもって来てくれます。夕食は六時に鐘がなると食堂で自由に取るわけで、大体ホテルのようです。熱い御湯はいつも出ていて何時でも好きなときにお風呂には入れます。部屋には机と洋服タンス、本箱、応接机、応接用椅子二脚があるほかベッドが昼はソファの代用になります。二階南側で日当たりがよいうえ、テラスが付いていてそこに又二脚の椅子がおいてあります。

建物には藤がからんでいますし、室内にも沢山の植木があって緑に埋まっています。庭は芝生で美しい花が沢山咲いています。近所は大邸宅ばかりですのでとても静かで気持ちのよいところです。それでしかも市電の停留所へも、又S電車（省線）の駅にも二、三分で行けます。その上下宿代は三五〇クローネで、これまでよりも一〇〇クローネも安いので、まったく良いところが見付かったものです。

併し丁抹は兎に角、英国フランスなどに比べ物価は安いし、食事はうまいし、人間は親切ですし、街は美しいし、気候は良いし、極楽のようです。パリには確かに目を見張るように美しい豪華な建物や場所がありますが、場末に行くときたないところも多く、人間の服装もピンからキリまでいろいろです。ところが北欧は全体として生活水準が高いようで金持ちと貧乏人の差が余りないのではないかと思います。街にしてもどこへ行っても清潔でパリやロンドンやフランクフルトのような汚いところは見たことがありません。ロンドンやパリで御土産を買いましたが、却ってコペンハーゲンで買った方が良かったかも知れません。

ロンドンやパリは何といっても超大都会ですので買物に歩いてもすっかり疲れてしまいますが、コペンハーゲンはその点でも丁度手頃です。よく名古屋を大きな田舎だと言いますが、丁抹は世界の大きな田舎だろうと思います。こちらは涼しくてパリやフランクフルトの暑さが嘘のようです。毎日セーターの御厄介になっています。パリのシャンゼリゼの大通りでアイスクリームを食べるのも悪くはありませんが、フランスやイギリスにはもう一度行きたいとも思いません。

ドイツは方々に空襲のひどかったところの名残が未だ生々しく残っていて嫌ですが、物価は安いようですし復興したところは中々きれいです。それにドイツ語を喋るのが嬉しいので帰りにもう一度寄ってみたいと思います。Göttingen と München に五日位ずつはいたいものです。こんどもハイゼンベルグやボップがいれば、もう少しゆっくりしてくるところでした。二人共八月にはどこかへ行く由でしたので、ライン下りだけをしたわけです。ドイツの田舎のホテルはずいぶん安いようで、ローレライの近くのホテルで食べた仔牛のビフテキはとても美味でした。フランクフルトのホテルも大きなホテルではありませんでしたが、内部の施設は非常によく、こんどの旅行中に泊まった宿の中で一番よいと思いました。

こちらの研究所は八月も開いてはいますが殆ど人が居らず九月迄はとても閑散としています。旅行して金遣いがあらくなったのと、八月中は研究所の食堂が閉っているため昼間どうしても外へ出掛けますので、つい種々なものを買ってしまいます。併しもうそろそろお土産を買い集めておきたいと思います。一昨日も前から買って帰りたいと思っていたチーク材で出来た猿のおもちゃ（二三クローネ）を思い切って買いました。［後略］

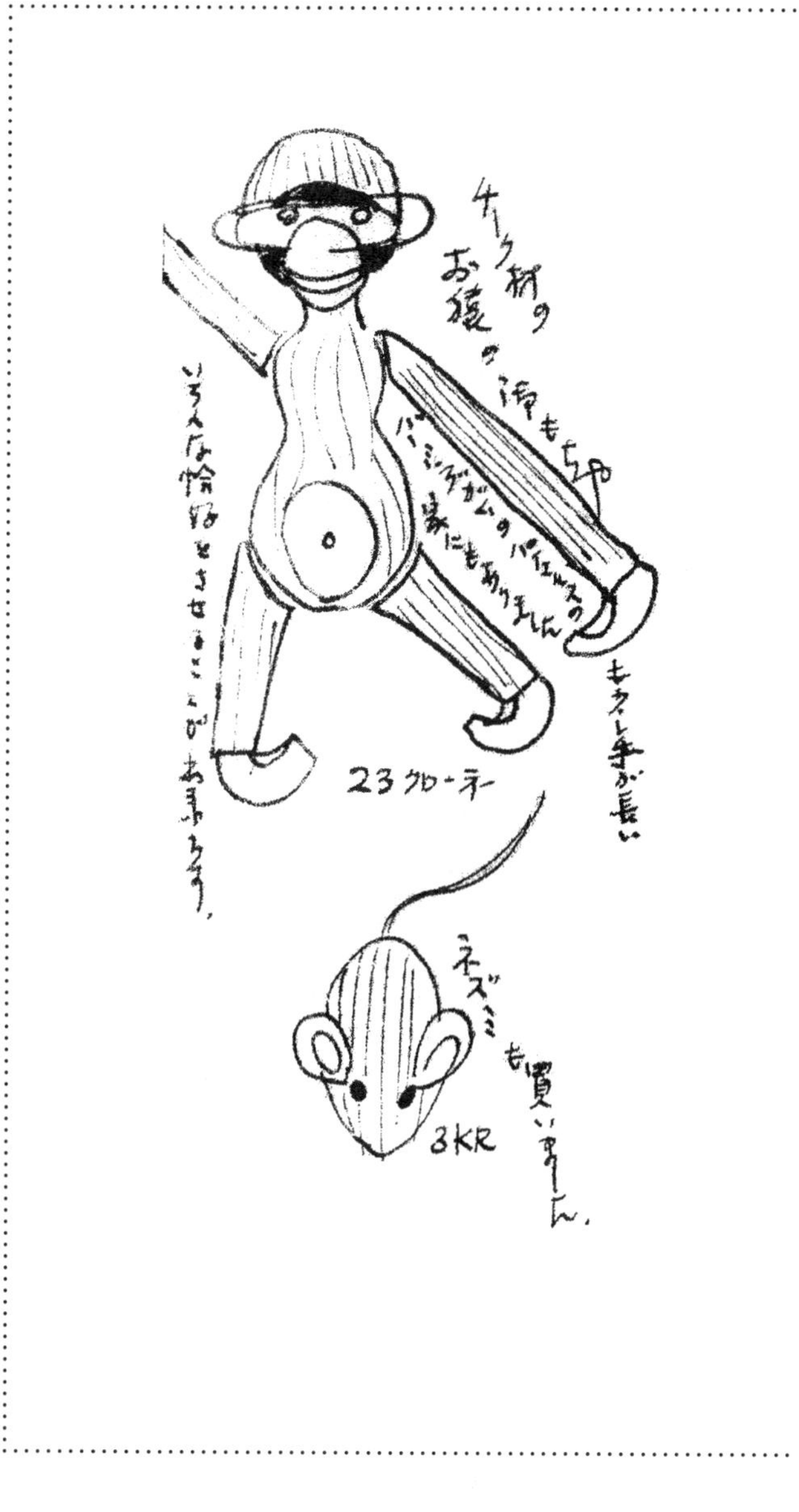

チーク材の
お猿の人形もらった

バーミンダガムのバイエルスの
家にもありました

もうと手が長い

いろんな恰好をさせることができます。

23クローネ

ネズミも買いました。

3KR

八月十一日（水）

研究所でレーマンを読む。夜はグルントウィ教会のオルガンリサイタルをききに行く。

八月十二日（木） 受信 信子 荒木

午前中Havemannsその他をひやかし、午後研究所に行く。夜バスでクランペンボルグ[Klampenborg]に行き十五夜の月を鑑賞。

八月十三日（金） 受信 湯浅 尾崎 発信 信子

朝未だベッドの中にいるうち、平林老人訪問さる。尾崎氏の件、及び借金の件（創元社が破産したのでもう少し待ってくれとのこと）。

昼ごろメラーに電話をすると夫人が一時にもう一度かけてくれとのこと。下宿で昼食をとり、一時にかける。尾崎氏の下宿のことでMrs.Hellmanと連絡してくれとのこと。午後研究所に行きヘルマンに会う。

グリプトテークの音楽会の切符をかいに行くがない。夜、ランゲリニエへ散歩に行く。月がとても美しい。

八月十四日（土）晴のち曇　受信　鎌倉　名刺　毎日
発信　鎌倉　千鶴子　永井　本田　その他5通

研究所に行くと平林氏来訪。尾崎氏下宿の地図をもってこられる。農業視察団員が百クローネかりたいといっている旨話をされたが断る。

本屋に行きBornの記念論文集を注文する［編注］。ノルドポートでビールをのみ、エルステド公園を散歩してS－TOGでかえる。

編注　Max Bornは、量子力学における波動関数の統計的解釈により、この年度（一九五四年）のノーベル物理学賞を受賞する。

八月十五日（日）雨　発信　ハマノ　Brøndsted

午前中下宿ですごし、午後、新聞を買いにHaupt Station［中央駅］まで行く。濱野氏、ブロンステズへの葉書も出してくる。

帰ると尾崎氏より電話があり、もうパリから着いて平林氏のところにいるとのこと。早速かけつけ

コペンハーゲン大学理論物理学研究所前の坂田。
左側の建物に研究室があり、右の建物の1階（半地下）に事務室（Ekspedition）、2階には所長室がある。尾崎正治氏撮影、1954年8月17日

て下宿に案内する。グロニンゲンで夕食をとり、チボリを歩いてかえる。信子からの小包をもらってかえる。塩せんべいが本当においしい。

八月十六日（月）くもりのちはれ

十時に尾崎氏のところへ行こうとすると途中で平林氏に出会う。一緒に研究所に行きメラーに会う。シュルツ夫人にも紹介し、金をうけとるようにする。裏の公園をとおってリングビバイからS－TOGでかえる。夜尾崎氏来訪。

八月十七日（火）晴

久し振りに上天気。午後尾崎氏とHøjbro［ホイブロー］よりLangelinieに舟で行く。Langelinieを散歩してKongens Nytorvまで歩き別れる。夕食後森田たま氏＊を訪ねる。

若い芸術家（信夫氏のいとこ）と三人でティボリを散歩する。シルエットをつくってもらう。曲芸のまえでビールをのみ、レストランでお茶をのみ一時ごろかえる。

八月十八日（水）曇小雨

朝、町へ出かけ昼ごろ研究所に行く。弁当をたべていると尾崎さんがやって来る。夜、尾崎氏に電話をかけると一緒にどこかへ行きたい由。駅で待ち合わせ、又ティボリに行く。音楽をきき、昨夜のレストランでビールをのむ。

八月十九日（木）晴　受信　信子

十一時ごろ研究所に行く。夕方尾崎氏をVISAの延長に必要な場所へ連れて行く。トーリストで回遊切符を買う。農業団の清水氏に会う。平林氏のことを話すが矢張りよくないところがあるとのこと。

書簡より

八月十九日夜　信子様

［前略］さて次に一昨夜森田たま＊さんに会った話を書きましょう。［中略］彼女はスエーデン

で会ったという若い芸術家と一緒でした。彼は私費でイタリアに留学している人で、丁度私のいったときスエーデンから汽車で着き、ホテルがないので森田さんを訪ねたばかりのところでした。彼は未だ美術学校を出て数年しか経たない人で、信夫澄子さんの従兄弟だといっていました。［中略］三人でティボリに出かけ、イルミネーションの美しい塔（五重の塔）や夜間照明で浮き彫りのように市役所の塔などの見えるレストランでビールを飲み（森田さんはアイスクリーム）十二時まで種々な話をしました。森田さんは小金井良一、素子夫妻とはとても親しかった由で、澄子さんはどうしているかなどと聞いていました。森鷗外の話も平林さんから切り離し、文部省から、文部省にやって貰うようにしようということにしました。

（併しこの点は彼もそういっていました。）

ティボリには夜一時までひらいているレストランがありますので、十二時ごろまた新しいレストランに入り、御茶と御菓子をもらって十二時半まで喋りました。彼女が話好きで元気なのには驚きました。又思ったより英語が出来るのに感心しました。そのレストランは音楽をやっていて、来た人がときどきダンスをしていました。見ると大体老人夫妻で、老人が夫婦でこんなに楽しんでいる姿は、一寸日本では見られない風景だと思いました。どうも森田さんはこの前デンマーク人に案内されてティボリに来た時と同じコースを取って私たちをご馳走してくれたらしいのです。併しとにかく良い御婆さんです。［後略］

アンデルセン自筆の屋内スケッチ

アンデルセンの切り絵

八月二十日（金）雨　受信　小包（湯浅）　ブロンステッズ　発信　信子

旅行へ出かける予定だったが、雨なので止す。ズボンのプレスをたのみ研究所へ行く。雑誌を少し読み、尾崎氏と一緒にアメリカンエックスプレスへゆき二十弗をかえる。御茶をのんで別れる。

八月二十一日（土）晴

八時五十五分の汽車でオーデンセ[Odense]にむかう。デンマークの田舎は本当によい気持だ。大ベルト[海峡]を渡るため舟にのり、そこで昼食をとる。十二時五十分オーデンセに着く。グランドホテルに行くが部屋がなくウィンザーホテルに紹介してくれる。荷物をおいてアンデルセン・フース[アンデルセンの家]を訪ねる。原稿、初版、切絵、挿画などを見る。日本童話協会の送ったアシヤロソン[蘆谷蘆村]、三島通陽などのサインのある掛物が飾ってある[編注1]。又日本でやったアンデルセン劇の写真もある。各国の訳本もそろっている。外に出て写真をうつし、アンデルセン公園の方へ歩いて行く。公園の中にはアン

オーデンセにあるアンデルセンの生家(現：アンデルセン博物館)中庭。[編注2]

デルセンの銅像やエコーの像がある。アンデルセンの生家を見たのち一旦ホテルにかえり、お茶をのんだのち、ヒューン・スティフトミゼー［フューン教区美術館］とメンテルゴーセ［民俗博物館］を見、さらにバスにのり、オールド・ヒュネン・ヴィレージ［フューン村落博物館］を見学に行く。静かなよいところだ。森の路をしばらく行くと田舎家の点在しているところへでる。その中のクロー［Kro］というレストランで食事（野菜、オムレツ、ビール）をしたのち、バスで一旦街へかえりティボリへ行く。支那人の曲芸が面白い。

編注1　蘆谷蘆村（一八八六―一九四六）明治~昭和期の童話研究家、日本童話協会の創設者。三島通陽（一八九七―一九六五）文筆家、ボーイスカウト日本連盟の創設者。

2　日記と伊都子への書簡には、アンデルセン・フース（アンデルセンの家）を訪ね、外に出て写真を撮ってから公園を歩き、アンデルセンの生家に行ったと書かれている。この写真の裏には、「アンデルセンの家」と書いた後で「生家」と直してあり、日記を書き書簡を送った後でアンデルセンの家（H. C. Andersenhus）が生家であることに気づいたことを示している。2歳から14歳までの少年時代を過ごした家（H. C. Andersens Barndomshjem）の写真も残されており、後から訪ねたのはこの家であることもわかる。

書簡より

八月二十一日（絵葉書）伊都子様

今日久し振りに御天気になりましたので、八時五十五分の汽車にのってオデンセに来ました。アンデルセンの家を訪ねました。ここは今博物館のようになっていて、アンデルセンのものが種々陳列してあります。初版とか、原稿、挿画の原図、各国の訳本などがおいてあります。アンデルセン公園を抜けると彼の生れた家があります。次に野外の農業博物館を見て田舎家の作りをしたレストランで夕食を食べました。デンマークは、自然は美しく、御馳走はおいしく、人間は親切で本当に良いところです。明日はユーラン半島へむかいます。父

八月二十二日（日）雨

八時三十分の汽車で小ベルト［海峡］の鉄橋を渡ってリーベにむかう。リーベの駅に荷物をのこし、雨の中を街の方へ歩く。エハガキを買ってこうの鳥の巣の場所をたずねると、すぐ裏の屋根の上だと

オーフスのガメル・フセ、水車。8月23日

教えてくれる。ドーム・キルケ［大聖堂］の頂上に上り市内を眺める。ホテルで食事をして駅に行きエスビヤ行きの汽車にのる。エスビヤではひどい雨の中を少し歩いてみる。駅のトーリスト［観光案内所］からリンコビング［Ringkøbing］の宿を頼んでもらう。雨はますますひどくなる。ホテルまでタクシーにのり食事をして休む。

昼　カーフの煮込み
　　リンゴのシチュウにミルク
夜　アスパラガススープ
　　ハムオムレツ
　　コーヒー

八月二十三日（月）曇

宿を出て荷物を駅にあずけたのち、フィヨルドを見に行き写真をとる。九時四十四分の汽車でリンキョビングを出てシルケボルグにむかう。シルケボルグに着いたころには、ときどき日がさすようになる。駅に荷物を残し、湖水のむこう岸まで渡り、森の中を散歩する。

再び街の中を通りヒンメルベルグ［天の山の意、デンマークで有名な高山。高さ一四七メートル］に行く舟の乗り場までいって見る。時間の具合が悪いのでのるのをあきらめ、バナナを買い、銀行で金をかえたのち駅へ戻る。
駅のレストランで御茶とケーキをたべ、汽車でオールフース［オーフス：Århus］にむかう。窓から見る湖畔の景色が美しい。そのうちヒンメルベルグが見えてくる。スカンダボルグ［Skanderborg］の街も湖畔にあってなかなか美しい。オールフースに着き、市役所の中のツーリストビューローでホテルを紹介してもらう。

KR　7.50
花野菜クリームスープ
ヒナドリのまるに
サラダナ
ジャガイモ ｛カラアゲ／マルアゲ／マッシュウ｝
クダモノニコミ
キウリモミ　　キモ

ホテル・プリンチェンに荷物をおき、ドームキルケ［大聖堂］、テアトル［劇場］、フルーキルケ［聖母教会］を見て、ガンメル・ビュウ［昔の街展示区］に行く。古い家の臭いはオーデンセのオールド・フネン・ヴィレッジと同じだ。風車の写真をうつす。ホテルで食事をしたが非常にうまい。

八月二十四日（火）曇後晴

八時半ホテルを出て駅に荷物をあずけ③のバスで［オーフス］大学へ行く。ここの大学の建物はモダンで美しい。日時計のついた建物、生化学の教室などを写真にとる。十一時に汽車にのり港へ行き連絡船でカルンドボルグへ渡る。天気は上天気になってオールフースの街が美しい。途中で風車のある

オーフス大学
1933年に開講された新しい大学で［1954年には］教授数75人、学生数は1,450人である。これはその生理学教室。（坂田）8月24日
［2010年には学生数32,000人、博士課程大学院生1,700人。大学の記録では、創立は1928年］

島に寄港したのち、シーランドの湾の中に入って行く。森や野原や赤い屋根の家が光って美しい。カルンドボルグから汽車にのりかえ、六時コペンハーゲンに戻る。ユーラン［Jylland］の景色はワイルドだが、シーラン［Sjælland］はマイルドだ。

八月二十五日（水）

朝森田氏を訪ねるとMr.ピーターセンが写真屋を連れてやってくる。一緒に植物園で写真をとる。森田氏のパンションで食事をし、買い物に出かける。人形を二つ買う。Mrs.SEEDORFF［編注］にごちそうになる。夜は、HOTEL・アングレテールで御茶のごちそうになる。夜は、Mrs.ピーターセンにWomans Build.のレストランで御ちそうになる。夜は森田氏のパンションで橋本氏らと話す。

上欄メモ　Mrs. Seedorff Petersen , Tibirke

人形　5.21
5.11

編注　Seedorff Petersen [Hans Hartvig Seedorff]（一八九二—一九八六）は、抒情詩人・作詞家として知られ、この時期はシェラン北部のティビャケの山荘に夫人と在住。後年（一九五八）、バゲフーセット（二十七日の日記本文参照）の招待居住者となる。

八月二十六日（木）

KR. 500.00

午前中は研究所へ行き、Mrs.シュルツから金をもらう。尾崎氏とともに森田氏のところに行きショッピングに出かける。マガザン・デュ・ノルド、イルムなどで人形、ヤカン、その他を買う。うちに送る荷物をつくり、夜は農業団の座談会へ行く。

八月二十七日（金）晴

午前中は買い物に出かけ、パーマネント［工芸品常設展示即売場］で人形四個、エホン等買う。マガザンで昼食をすまし、森田氏のところへ行く。農業団の連中を見送りに駅に行き、今年来た舟坂・□《ママ》の両氏とともに御茶をのむ。森田氏をつれてバッケフーセット［Bakkehuset］に行き、Oluf Friis氏を訪ねる。

ブナの並木
3番目の下宿ラスムセン家の近く

森田たまと買い物に行く。8月26日

彼の案内でRAHBEK・KAMMA夫妻［編注］の住んでいた家を見、彼の家で御茶をのむ。

編注

オルフ・フリース（Oluf Friis：一八九四—一九七九）はデンマークの著名な文芸評論家であり、森田の訪問に坂田が同行した。フリースが住んでいるバゲフーセットは、十七世紀の建物で、デンマーク文化の黄金時代、十八〜十九世紀にラーベク夫妻が住んでいた。夫のクヌト・ラーベク（Knud Rahbek：一七六〇—一八三〇）は文芸作家であり、詩人で劇場監督だった。この家では、彼の妻カマ（Kamma Rahbek：一七七五—一八二九）によって当時の代表的な文化サロンが形成されていた。現在は文芸の歴史博物館として保存されている。

書簡より

八月二十七日（金）　信子様

［前略］大分御金を使いましたが、大変愉快な旅行でした。この旅行に出かける前、森田たまさんが二十七日にロンドンに発つと聞いていましたのでコペンハーゲンに着いた翌朝、ホテルに訪ねて行きました。ところが彼女は九月二日まで出発を延期した由で、その後すっかり彼女のお守り役になってしまいました。［中略］今迄若い言語学者でこちらの大学に勉強に来ていた人とか、農業団の人に世話を焼いてもらっていたのでしたが、その人たちがこの一週間の間にみんないなくなってしまったからです。そんな関係から何でも私に相談されるので

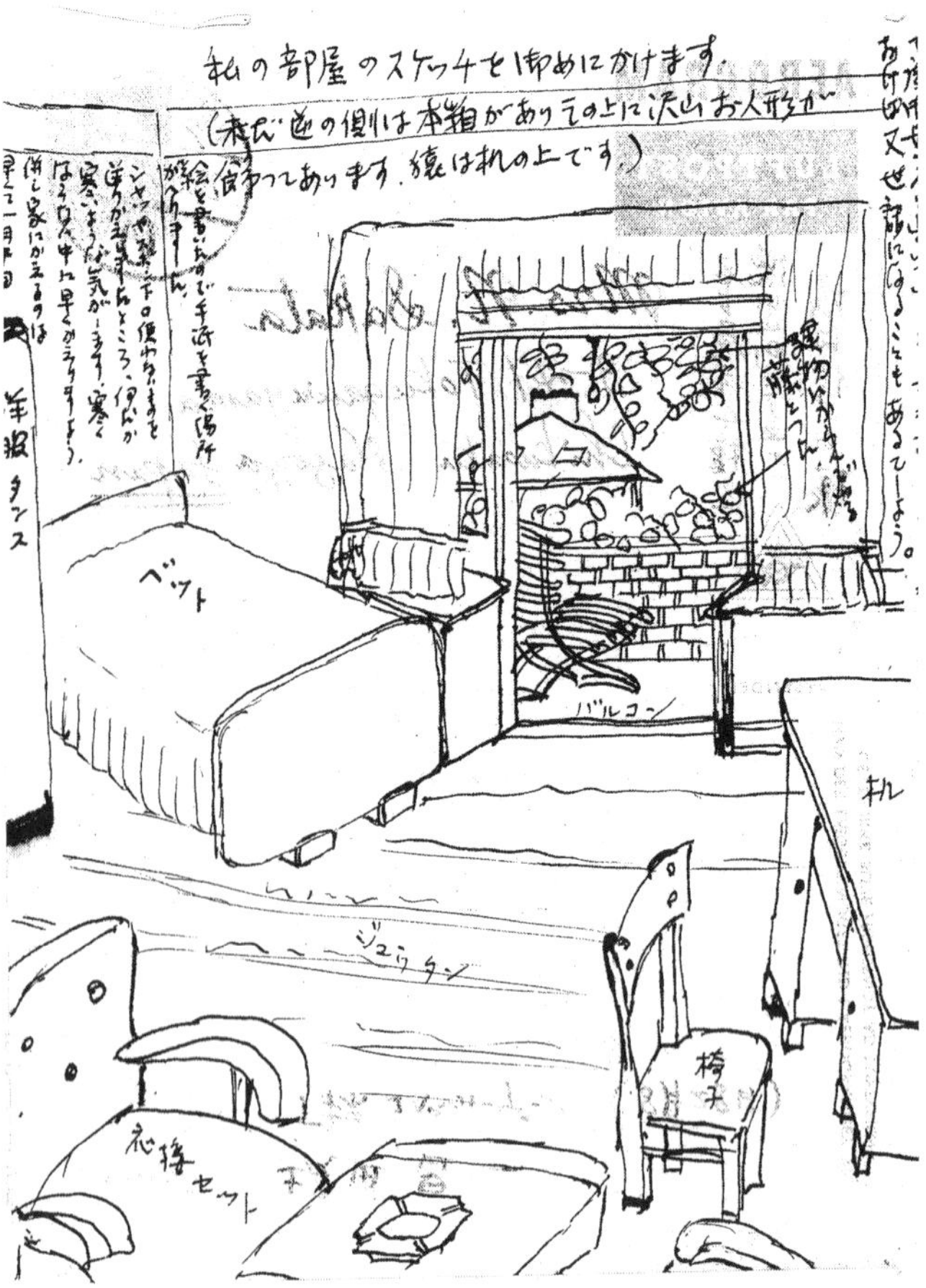

私の部屋のスケッチを御目にかけます。
(未民達の側は本箱がありその上に沢山お人形が
飾ってあります。猿は机の上です。)

ベット
年取タンス
ジュウタン
応接セット
バルコン
椅子
机

下宿の室内。本箱の上にカイ・ボイセンの木製の猿と多数の人形と森田たまから贈られた色紙［233ページ掲載の詩が書かれている］

一緒に買物に歩いたり、いろんな人を訪問したりしています。
しかし森田さんは気持ちの良い人で話も面白く、この間から日本人に大分食傷しましたが、［森田さんは］別に嫌ではありません。丁度お母さんと歩いているようでもありますが親切にしてあげておけば又世話になることもあるでしょう。
私の部屋のスケッチを御めにかけます。（未だ逆の側には本箱があり、その上に沢山お人形が飾ってあります。猿は机の上です）
絵をかいたので手紙を書く場所がへりました。シャツやズボン下の使わないものを送り返しましたところ、何だか寒いような気がします。寒くならない中に早くかえりましょう。［中略］

農業団の人は今日の午後こちらをたちドイツ、スイス、イタリーをへてゼノアから舟にのってかえるのですが森田さんも荷物を一個頼まれましたので、私もこの間イギリスに行くときに買った鞄を一つ持っていってもらうことにし、大急ぎで御土産を買ったり、荷物の整理をして鞄をつめました。

森田さんも御人形が好きなので、一緒に小さいハンド・メードの人形を九個買いました。(一個二百五十円位)これを部屋に持ってかえって本箱の上にならべましたらとても可愛くて、鞄の中に入れるのが惜しくなり、結局お猿もネズミもお人形も私と一緒にかえることにしました。ハンド・メードの人形はみんなデンマークの田舎の服装をした布製のものですが、そのほかにもセトモノのコックさんが砂時計をもっている人形(卵を茹でるのに使うのです)も買いました。みんな十糎以下の小さいのばかりですが、その中にもうすこし大きいものも買いたいと思います(象とクマも)。

又台所用品として前から欲しかった沸騰すると笛のなるヤカンを買いました(森田さんも)。

[中略]

買い物に歩くのは森田さんと一緒に行くのが一番有効ですが、つい買いすぎてしまいます。森田さんは『即興詩人』の原本が欲しいといわれましたが、今日古本屋で探してあげました。私も一つ欲しくなりましたが、又別の古本屋でみつけましょう。どうか御元気で。みんなによろしく。

八月二十八日（土）晴　受信　信子　発信　信子二通　鎌倉　民雄

午前中寺田氏（慈恵医大学長）が来訪。

研究所に寄り食事をしたのち森田氏のパンションに赴き、イエンク氏の自動車でリングヴュウの田舎家、オープン・エア・ミューゼアム［野外博物館］を見学に行く［編注］。御茶をのんだのち海岸をドライブして帰る。六時エアターミナルで寺田氏と待合わせ、チャイナハウスで食事をする。荒城の月、愛染かつら、はま千鳥などのレコードをかけてくれる。ティボリを散歩して別れる。コンサートホールで音楽をきき、花火を見てかえる。

編注　イエンク氏はアンデルセン協会理事で、森田をデンマークに招待した。

フィルム　27.00

Mrs.キクヨ Anderson

書簡より

八月二十八日　信子様［書簡の一部］

みんな元気で夏休みを楽しんでいる模様で何よりと思います。私は一昨日は午後から森田さんと買物をして歩きまして、図のような人形や台所道具などを買いました。

八月二十九日（日）

朝尾崎氏へ電話をかけるが連絡できない。

森田氏とともに十一時三十分の電車でクランペンボルグの元日本の総領事をした人［ラデリエール］のうちに行く［編注］。昼食を御ちそうになり夕方までいてかえる。森田氏と別れたのち、上海で晩めしをくってかえる。

上欄メモ

KR8.00	上海
15.00	送料
3.20	電車

高橋礼子［よしこ。ラデリエール夫妻が日本にいたとき以来帰国後も、同家で働いていた。］

編注　ラデリエール（André Laderrière）は、この年の四月まで七年間日本で総領事をしていた。帰国後はデンマーク最大のハム会社の社長をつとめた。夫妻とも日本語を話し、この日坂田と森田を招待した。

八月三十日（月）

受信　鎌倉　発信　山田　加藤　中根　赤堀

研究所で食事をし、午後散髪してかえる。途中デンマークの絵本を買う。夜森田氏より電話で、スカンジア［Skandia］へ行く。一緒に［映画］*Mr.Adams in Paradise*を見る。Palace Hotelでビールをのみかえる。

八月三十一日（火）　受信　信子　発信　信子

午前十一時ごろ研究所へ出四時ごろ家にかえり食事をすませてからMrs Petersenのところへ出かける。森田、尾崎、橋本氏同道。Miss Illum, Mrs K Lassenと会う。ボーア氏より九月九日八時半招待をうく。

書簡より

八月三十一日朝　信子様［編注］

デンマークの農業　経済構造の上で最も重要な役割を演じているが、農業に従事している人の数は全人口の四分の一（工業は三分の一）農業生産物の三分の二は輸出され、その代金で石炭、鉄、油、金属等この国にない原料が輸入されている。

牛　三百十万頭　牛乳年産　三九〇一キロ（すべて一九五一年度）

バター年産　一六八、〇〇〇トン（そのうち八四%は輸出）

（牛乳の五分の四はバターの生産に用いられる。デンマークは世界第二のバター輸出国）

チーズ　七五、〇〇〇トン（四六、〇〇〇トン輸出）

牛肉　二〇七、〇〇〇トン（半分以上輸出）
鶏　二千二百万匹　卵年産　一二三、〇〇〇トン（七七%輸出　デンマークは卵の輸出で世界一）
豚　三百六十万頭　ポーク　三九、五〇〇〇トン（半分は輸出）
農村では協同運動が盛ん。国民高等学校が協同運動の背景をつくっている。

デンマークの工業　造船と美術工芸品が一番重要（陶器、銀製品、家具）

デンマークの生んだ有名人

科学者

チコ・ブラーエ　（一五四六—一六〇一）天文学者（星の運動を観測し、ケプレル、ガリレイ等とともにニュートン力学の基礎を築いた。）

エルステッド　（一七七二—一八五一）物理学者（ファラデイとともに電磁気学の元祖）

ニールス・ボーア　（一八八五—）原子物理学者（ノーベル賞）

クロホ [August Krogh]　（一八七四—一九四九）生理学者（［一九二〇年］ノーベル賞）

芸術家

アンデルセン　（一八〇五—一八七五）小説家

トルバルセン［Bertel Thorvaldsen］（一七六八—一八四四）彫刻家

グルンドウィッヒ［Nikolai Frederik Severin Grundtvig］（一七八三—一八七二）教育家、詩人（国民高等学校の創設者）

ラスク［Rasmus Christian Rask］（一七八七—一八三二）言語学者

哲学者

キエルケゴール　（一八一三—一八五五）

ヘフディング［Harald Høffding］（一八四三—一九三一）

この手紙が六日に間に合うでしょうか。

編注　夏休みの社会科の自由研究のテーマにデンマークを選んだ千鶴子にもう少し何か良い資料があれば、という信子夫人からの依頼に応じ、小学校の九月六日の始業式までに間に合うかどうか危ぶみながら書き送った手紙。

九月——三度目のボーア邸

九月一日（水）

十時すぎブロンステッズ家を訪ねる。森田氏と電話で連絡し、夜御茶にブロンステッズ家を訪ねることをきめる。研究所でメラーに会う。四日夜8時メラー家によばれる。

七時森田氏を訪ね、ともにブロンステッズ家へ行く。ブロンステッズ教授、フュッサー、エドモンドのほかエルンスト・HANSENも来る。ブロンステッズはシードルフと大学で同期。エルンスト・HANSENはシードルフの挿画家の由。ブロ［ンステッズ］夫妻、ハンセンが森田氏のスケッチをする。帰途ハンセンのところによりいろいろ彼のかいた画を見せてもらう。中には春画に近いものもある。

九月二日（木）　受信　鎌倉　発［信］　信子　鎌倉　加ト［ウ］

研究所で食事をしたのち、森田氏のところへシードルフへの手紙の翻訳をもって行く。王立陶器の陳列所からストロージェット［ストロイエ］を散歩し、スカンジアでビールをのむ［編注］。六時半エンク氏の家へ食事に招待される。抹茶、茶筅をもって行く。

編注　「ストロージェット」はストロイエ（Strøget）と呼ばれて親しまれる市内中心部（市役所前からコンゲンスニュットー広場まで）約1キロの歩行者専用ショッピング通り。

九月三日（金）　発［信］　信子

マガザンで写真のプリントをとり、森田氏のパンションに行く。尾崎、橋本氏と共に森田氏を送って空港に出かける。帰途チャイナ・フースで炒飯をくう。ストロージェット［ストロイエ］を散歩してかえる。

シャシン	13.20
ヤキメシ	7.50
エンピツケズリ	7.75

九月四日（土）晴　発［信］　信子　E研

昼食のときローゼンフェルド＊と話をする。ドイツがポーランドでやった残虐行為について話してくれる。シャワーから毒ガスを噴出させて多数の人間を殺した由。単に一人の狂人の仕業ではない。科学者も責任があるということをしきりにとく。

午後尾崎氏と散歩する。夜はメラー家に招待。ローゼンフェルド夫妻と娘、尾崎氏と小生の五人がゲスト。日本の音楽をきく。

九月五日（日）晴

昼食後Sトークでフレデリックスベルグに行き公園と動物園を散歩する。夜はブロンステッズを訪れ、森田たまさんのスケッチをもってかえる。

九月六日（月）小雨　発［信］　有山　小此木　平林

アメリカン・エクスプレスで二十$換える。ピーターセンにブロンステッズのスケッチを渡す。研究所の昼食で、又ローゼンフェルド、フルゲンホルツ等と話す。

九月七日（火） 受［信］ 信子二通 フジタ 発［信］ 信子葉書

朝藤田氏からの手紙をうけとる。信子からはきていないが今夜に間に合わせるため葉書をかく。食事のときSabry（エジプト）、Gile（グラスゴウ［大学］）、と話す。お茶のときCutkoski（アメリカ、カーネギー）、Møller、Rosenfeld、Edmondらと話す。マガザンでフェラニアンカラーの現像をとってくる。

夜、信子よりの手紙二通をうけとる。大分日本がいやになった由。

九月八日（水）曇

今日はKingとQueenが研究所を訪れる由で、研究所はすっかり開放されている。Rozentalがサイクロ［トロン］（一〇MeV）、VAN DE GRAAF（四MeV）等を案内してくれる。Jauchの論文を検討する。矢張間違っていないらしい。

九月九日（木）

研究所でGeneral Fermi［一般フェルミ相互作用］について勉強する。夜八時半Bohr家に招待をうけ出かけ

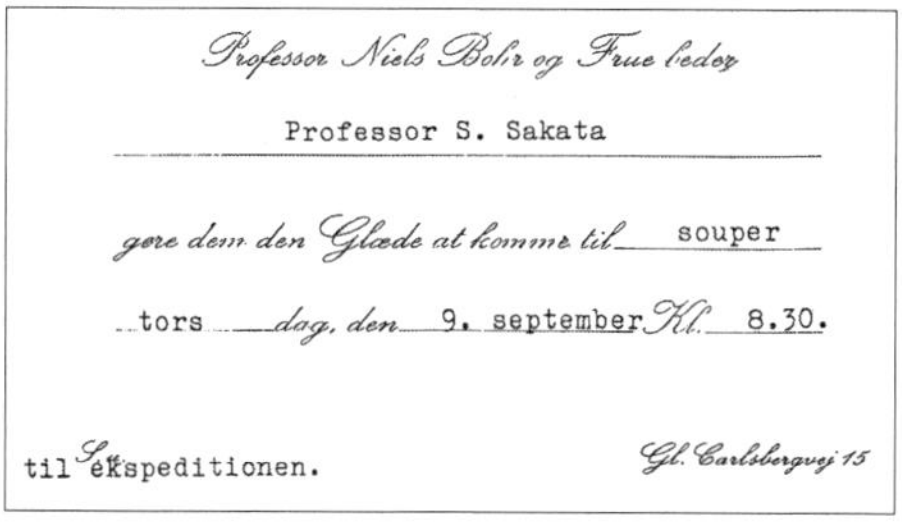
Professor Niels Bohr og Frue beder
Professor S. Sakata
gøre dem den Glæde at komme til souper
tors dag, den 9. september Kl. 8.30.
til ekspeditionen.
Gl. Carlsbergvej 15

ニールス・ボーア夫妻からの夕食会への招待状

る。ヘロップからフーゲンホルツと一緒になる。テーブルNo.13。ボーア夫人、メラー夫人、エンセンと一緒。セルフサーヴィス。食後、庭を散歩する。噴水が照明してあってとても美しい。グリークランドの映画を見せてもらう。

温室を通り抜けると大きな広間。広間には馬の絵があり長岡市の判が押してある［編注］。

編注　この次の行から「ボーア博士と丁抹」という題の四十行近い草稿が書かれている。加筆・削除が非常に多く、未完。この原稿は九月十三日に完成、十四日に毎日新聞社に送信。九月二十五日の毎日新聞に「デンマークとボーア博士」と題して掲載された。本書198ページに収録。

九月十日（金）晴

研究所に夕方までいて帰途、町に出てアンデルセンの原本をもとめる。夜少し胃が痛い。昨日御馳走をたべすぎた故らしい。

九月十一日（土）晴　受信　信子　毎日　鎌倉　発［信］　信子　カマクラ

町に出かけて靴を見るが適当なものがない。胃の薬をもとめる。トリアングルでスリッパをもとめる。

夜尾崎氏とティボリに行く約束をして、出かけようとすると橋本氏より電話。三人で駅で会うことにする。ステーションのレストランで御茶をのむ。「思想」を返してもらう［編注］。尾崎氏とティボリでコンサートをきき、花火を見る。

編注　雑誌「思想」（岩波書店）の一九五四年八月号は全号を挙げて特集「水爆—そのもたらす諸問題」を取り上げている。返してもらったのはこの号ではないかと思われる。

九月十二日（日）晴

十一時二十六分の汽車でRoskilce［ロスキルド］にむかう。尾崎氏同道。St. Laurence Church、Dom Kirke［大聖堂］を見てから Palace の前で昼めしをくう。ロスキルデ・フィヨルドを舟で渡り Boserup［ボーセルップ］の森までゆく。

Skovly［スコーブリ］の Restaurant で御茶をのみ、バスで駅までかえる。チャイナフースでばんめしをくって別れる。

九月十三日（月）

靴を直しにやる。靴がないので下宿で毎日の原稿を書く。

九月十四日（火） 受信 信子 E研 田島
発［信］ 信子 文彦 良次 E研 茅 フジオカ 毎日

朝EKSPEDITIONに行くと十一時半Photoをとるとのこと。BOHRさんが見えないので延期される。一時十五分に裏で写真をとる。

九月十五日（水） 発［信］ Infeld

マガザンで現像を頼んだのち、ポリティケンにボーアの写真をたのみにゆく。研究所でローゼンタールにアメリカからの手紙の件を頼む。ボーアさんにグッドバイを言いに行く。昼めしの時ローゼンフェルドに会う。夜手紙を書く。

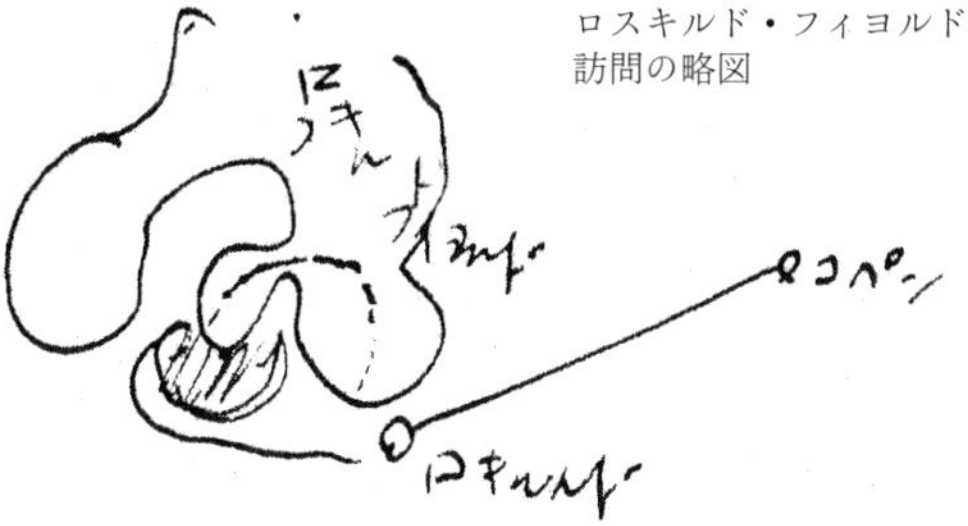

ロスキルド・フィヨルド（Roskilde Fjord）訪問の略図

九月十五日・十六日　信子様

［前略］この間研究室に出した手紙も大分のんびりしていたので小此木、河辺［六男］、山田、小川、湯川［二郎］から昨朝もらった寄書で、女学生的感傷だといって叱られてしまいました。（森田さんの歌が書いてあったためです。）精神的な感傷ではなくて財布の中に秋風がふきはじめたためであることをみんな知らないので困ります。しかし朝永さん＊が原子炉予算の件で大分困っておられるらしいことを聞き、こちらで涼しい顔をしていて悪いような気がします［編注］。併し日本にかえると又いじめられますので、せめてこちらにいる間丈でものんびりとすごしたいと思っています。［後略］

編注　当時、朝永振一郎は日本学術会議原子核特別委員会委員長として東京大学に附置する予定の原子核研究所の一九五五年発足にむけて尽力していた。この年の三月にビキニ水爆実験による第五福竜丸などの被曝があり、一方で国会に突如として原子炉築造予算が提出され、国会を通過した。この状況の中で、原子核研究所計画に対して、予定地の東京都田無で不安を持った住民のはげしい反対運動がおこった。苦慮した朝永の誠意をもった住民との話し合いによって、反対運動は収束し、研究所は予定通り一九五五年に発足した。

九月十六日（木） 受［信］ 鎌倉　発［信］ 朝永 鎌倉 梅沢 湯川 信子

鎌倉の手紙に伊藤忠兵衛さんから$を送ってもらえるかも知れないとのこと。

九月十七日（金）

研究所でCINIを見るが挨拶はしない。午後ローゼンフェルドが統計の論文をもってきてくれる。マス・ディファレンス［質量の差］について議論する。

九月十八日（土）晴 受［信］ 信子 毎日　発［信］ 信子 亀淵 水野

American Expressで20$をchangeする。研究所でユーゴのKurepaと話す。夜橋本、尾崎両氏来訪。ビールをのみ果物をたべる。

九月十九日（日）晴

朝食後、Hellerupのナチに銃殺された人達のねむる公園を散歩する。午後ルンドタワー［Rundetårn］の

トーヴァルセン博物館
彫刻家トーヴァルセンの作品を集めたもの。壁画は彼がローマから帰国のときの市民の熱狂ぶりをえがく。(坂田) 9月19日

上に上り天文博物館でチコ・ブラーエの本などの陳列を見る。ソルバルセン〔トーヴァルセン〕博物館を見たのち運河からランゲリニーエに舟で行く。夜は湯川、井上、高林に便りを書く。

九月二十日（月）

朝、駅の散髪屋で頭を刈る。B・T・でハンガリヤ四重奏団の切符をかう。夜はイングリッシュ・チャーチへピアノとオルガンのリサイタルをききに行く。

九月二十一日（火）

受〔信〕　信子（手紙及び写真）
　　　　高ハシ
発〔信〕　信子

一日尾崎氏と駄弁る。ズボンのプレスを頼む。

九月二十二日（水） 発〔信〕 千鶴子 原

マガザン・イルムに文彦の誕生祝を買いに行く。結局切手を買って送ることにする。昼食後、公園を散歩する。夕方ローゼンフェルドのコロキウムMass Differenceをきき、研究所で食事をしてハンガリヤ四重奏団のベートーベンを聴きにゆく。夜、文彦誕生祝の手紙を書く。

九月二十三日（木） 受信 原 鎌倉（手紙） 発〔信〕 文彦 原

終日研究所にいる。帰途ズボンをとってくる。鎌倉から$の件、都合良くいったといってくる。

九月二十四日（金） 発〔信〕 鎌倉 藤田

Herzenberg
α-Model
F^{19}のLevel

茶のズボンもプレスに出す。昼過ぎ「Bornの論文集」をとりに行き、マガサンへよる〔編注〕。ローゼンフェルドのα particle Modelの話をきく。

チャイナハウスで支那料理を食べる（十一円五十銭）。

大江公使、一松定吉、一松政二、片桐真吉、三橋八次郎、入交太蔵（参議院）、丹羽寒月（記録課長）氏らにあう。映画を見てかえる。

編注　八月十四日に注文した論文集が届いた。

九月二十五日（土）　受［信］　信子二通　藤岡　森　有山　毎日　発［信］　平林　信子

トリアングルの銀行で一〇＄をかえる。ズボンをとってくる。午後橋本君来訪。

九月二十六日（日）　発［信］　アメリカ（Chicago）　藤岡

尾崎氏とともにHillerød→Helsingørに行く。夜、China Houseで食事をしたのち、駅で映画を見る。

8.00	旅費
1.00	オレンジ
3.30	タバコ
5.40	手紙
8.10	
25.80	

九月二十七日（月）

タクシー　4.00

研究所でローゼンタールに小切手のことを尋ねるがまだ届いていないとのこと。二時からローゼンフェルドのエレクトロン散乱の話をきく。Källen、Tolhoekに会う。南基棟さんが訪ねてくる。

九月二十八日（火）

着［信］　信子　岸本　村山　亀フチ　丸森

発［信］　信子　カメフチ

夜平林氏来訪、三十$返却さる。

九月二十九日（水）

4.00　タクシー

朝ラスムッセンへ十日までいたいというと下の部屋を都合するとのこと。二〇$をアメリカン・エクスプレスでかえる。岸本氏をむかえに行くがこない。トルホックのコロキウムをきく。

$$\delta \frac{\int \psi H \psi}{\int \psi \psi} = 0$$

$$\psi(x_c) = \chi(x_c)\, g(\alpha^\nu)$$

坂田のメモ：
9月29日のトルホックのコロキウム
「原子核の集団運動モデルの基礎」
の話を聞いて書いた式。

九月三十日（木）

研究所の写真をたのむ。午後メラーの講義をきく。夜ブロンステッズのところへ行く。

受［信］　鎌倉　□研　謝　信子（新聞）　素研

発［信］　鎌倉　田島　信子　高橋　丸森

書簡より

九月三十日　信子様

［前略］久保山さんの死の記事、こちらの記事はアメリカのフィルターを通ってくるので、日本人の気持ちとしっくりしないように思います［編注］。

とにかく日本人は水爆被災でずいぶん悧巧になったと思いますが、もうこれ以上アメリカにだまされつづけてもらいたくないですね。［後略］

編注　第五福竜丸の乗組員だった久保山愛吉は、水爆実験による被曝のため九月二十三日死去した。

十・十一月――スウェーデン旅行。独・瑞・伊を経由して帰国の途に

十月一日（金）晴

文彦君誕生日。昼食後、研究所裏の公園を散歩す。ROZENTALに挨拶に行く。ROSENFELDのP−P［の］コロキウム［編注］。夜チャイナハウスで食事をする。

編注　P−Pは加速した陽子と水素の標的の衝突のときに起こる反応（の理論）。

理論物理学研究所。裏の公園から眺めた実験部門の建物。（坂田）

書簡より

十月一日文彦君誕生日おめでとう

Efter originaltegning af Mads Stage.

From an original by the Danish artist, Mads Stage.

CONGRATURATION（英語）

Glückwunsch（独乙語）

Herre Fumihiko 文彦君　Lykønskning（丁抹）Okt. 1.

お目出度う

第10回目の誕生日の
御祝いの言葉を 北欧の空から
送ります。

誕生日の御馳走を一諸に食べられないのは
残念ですが いつまでも思い出の中に残る良い日と
なるでしょう。益々健かに成長することを祈ります。

十月二日（土）快晴　受［信］信子　毎日　発［信］信子

ROSENFELDへ統計の論文のコピーをかえし、Goodbyeを言う。Møllerと日丁学術交流につき話し、亀淵君のことを頼む。一応彼ともサヨナラをする。橋本君来訪、新聞を貸す。尾崎氏とランゲリニエの散歩に行く。

十月三日（日）晴

昼過ぎ、尾崎氏来訪。一緒にシャロッテンルンドの水族館へ行く。ベレビュウ海岸のリットル・ベレヴューで御茶をのみ、ディアハーブンに入る。S-TOGで街にかえり、カフェテリアで食事をしてPALADSで映画を見る。

十月四日（月）晴

未だ$が着かない。書物の小包とロチェスター・コンファレンスの議事録を送る（十一クローネ）。スイス大使館でVISAを月末まで延長してもらう。食料品店で小包の件をきく。マガザンでフラットブレッド二包、ビスケットを買う。小包の紙を買って戻ると部屋を変えられている。こんどのところは十四クローネ（一日）の由。

十月五日（火）　受［信］　信子　鎌倉　湯川
発［信］　信子　鎌倉　アメリカ

昼まで下宿にいる。昼食をとって研究所へ行くがまだ$はこない。シュルツにふろしきと写真を渡す。ゼネラルマネージャーに問合せを出す。フリュッシュ［Frisch］のダブルベータdecayの話をきく。

十月六日（水）

ニュートリノセオリーについてのレターを書く［編注］。トウシェック［Touschek, B.］が同じようなことをやっているのを見て一寸悲観する。

編注　当時、執筆中の英文原稿下書き（最初の題は *Note on the Theory of Neutrino* 修正された題は *On the Structure of Interac-*

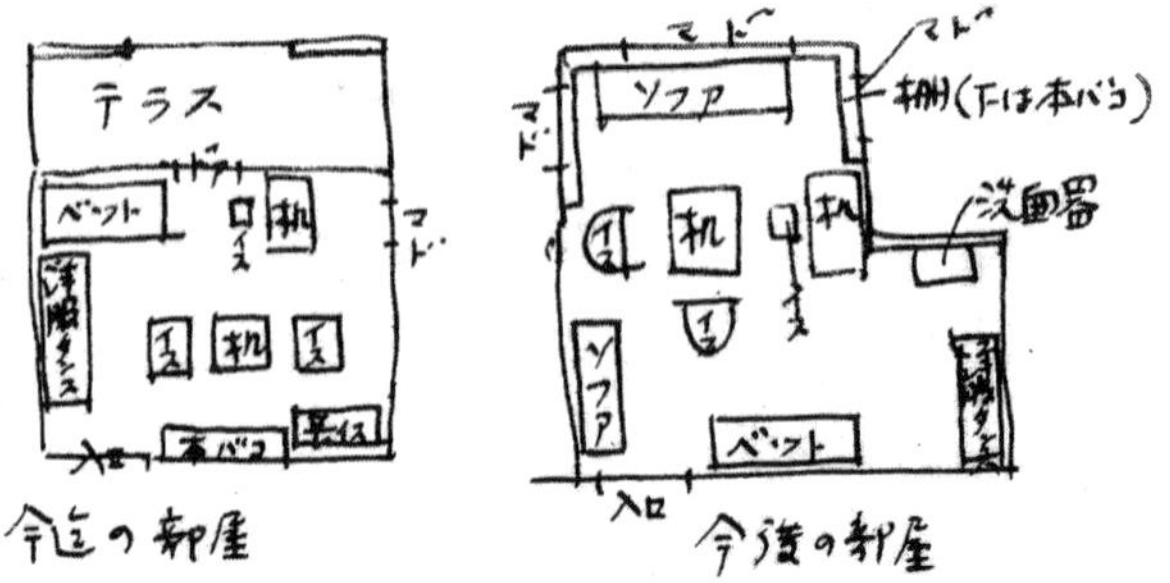

「今度の部屋は今迄のところよりも広くて、いつでもお客様の一人位は泊められるくらいです。それに部屋でいつもお湯が出ますのでとても便利です。」（信子夫人宛書簡より）

tions Containing the Neutrino)は、名古屋大学坂田記念史料室に保存されている史料SMAL［54 01 WP 03］。この論文は、帰国後に日本語で「Majorana Neutrinoにまつわる迷信」として発表。素粒子論研究、第七巻九号　九二五頁（一九五五年三月）

十月七日（木）　受［信］　信子　上田　鎌倉

小包とプリンテッド・マターを送る。研究所に行くと信子より手紙がきている。トウシェックの論文はＡＢ fdを使っているので小生のとはちがうことが分る。下宿にかえると鎌倉から手紙がきている。この部屋は16KRとのこと。明日十五日分、二四〇クローネを払う約束をする。

十月八日（金）　［受発不明］　鎌倉　小川　亀淵

散髪をする（十一クローネ十一・五〇）。写真をとってくる（二四クローネ）。フリッシュのＰ－Ｐ散乱の話をきく。

十月九日（土）　発［信］　信子　　受［信］　信子　毎日

朝、研究所にて手紙を受取る。クランペンボ［Klampenborg］で橋本、羽仁両君と落ち合い、ラデリエールの家にゆき、夫人及び高島よし子氏と共に食事をする。ラデリエール氏もそのうちに帰ってこられる。帰途尾崎、橋本、羽仁三君とともにディア・ハーブンを馬車で走る。エルミット・スロット［Eremitagen］まで行く。夜橋本、羽仁両君遊びに来る。

十月十日（日）

午後、工芸博物館［Kunstindustrimuseet］を見に行く。

十月十一日（月）

米国から返事があり九月九日に送り出したとのこと。シュルツ夫人と相談し電報を打つ。夜ブロンステッズの御茶によばれる。

十月十二日（火）　受［信］　信子　鎌倉　発［信］　信子　鎌倉　米［国］

SASでBOX［予約］して来る。

十月十三日（水）

ROZENTALに会うとアメリカから電報がきた由。MØLLER氏より十九日夜八時招待される。セーラム・インスチチュート［血清研究所］でコレラの注射をしてくる。

十月十四日（木）　受［信］　鎌倉　信子　発［信］　鎌倉　信子　山田　Waller　スガハラ　サトウ

シュルツに500KRかりる。VESTERPORTで再入国のヴィザをもらう手つづきをする。SASで明日のストックホルム行きの切符をかう。チャイナハウスで昼メシ。メラーの講義をきく。尾崎さんに招待され、チャイナハウスで橋本氏と三人で食事をする。

十月十五日（金）

朝研究所にカバンをもって行く。昼めしのときメラー、サブリ［Sabry, A.］などに会う。尾崎氏とともにエアタミナルに行く。十三・三五分のバスでエアポートへ。十四・三〇分ストック［ホルム］へ出発。コペン［ハーゲン］は雨だったが途中から晴れ、レーキディストリクト［湖水地域］が美しい。エアポートからターミナルまでバスでゆくと菅原［正朗（北大・素粒子）］、垣花［秀武（名大・化学）］両氏が出迎えてくれる。王宮のあたりを散歩して、菅原氏の宅へ行く。ハルセン［Hulthen］夫妻が来てまっている。共に食事をしたのち、彼らの車でホテル・クリスチネベルグに行く。

十月十六日（土）

七時にホテルを出て駅に行き、食事をしたのち、七時五十五分の汽車でウプサラ［Uppsala］へ。カセドラルの近くのレストランで休憩、コーヒーをのむ。カセドラル、大学本部、図書館を見て物理教室へ行くと、数理物理の研究所は下だという。山を下り研究所へむかう途中でワラー［Waller, I.］に会う。シワルテスキーと共に研究所に行き、シワルテスキー、レフディン［Löwdin, P.-O.］などに会う。シワルテスキーの案内でシンクロサイクロトロン（二〇〇MeV）を見たのち、そこで御茶をのむ。

次にジーグバーン［Siegbahn, Kai M.］に会い、彼の実験室を見せてもらう。ダブルビーターの話をする。昼食はワラーとともにホテルに行く。ワラー夫人がきている。食事後共にワラー邸に赴き夕方まで喋る。

十月十七日（日）晴

食事をしているとき、横田氏［大使館員］から電話をもらいドライブに行こうとのこと。夫人、子供二人を同伴、さそいにこられる。ドロッテンハム［Drottningsholm］の紅葉が美しい。天然色［フィルム］を入れてこなかったのが残念。次にシティ・ホールの中を見学。昼食は窟倉［アナグラ］でごちそうになる。一旦ホテルにかえったのち街をすこし歩く。夜は大使の招待でベルネに行く。食後大使邸で御馳走になる。

十月十八日（月）

九時に地下鉄ロードマンスガタン［Rådmansgatan］で菅原氏と待ち合わせる。彼の部屋に行ったのち、垣花氏の研究室を訪ね、一緒にパイル［原子炉］を見に行く。ホルテ［Holte］が案内してくれる。ハンガリヤ料理をたべに行く。午後クライン［Klein, O.］を訪ねる。ワルゲランド［Wergeland, H.］にあう。ダブル・ビーターの話をする。一緒にお茶をのむ。夕方の飛行機でコペン［ハーゲン］へ。

編注　スウェーデンの研究用原子炉第一号（天然ウラン重水型）は、七月十五日に臨界に達した。上欄D_2Oは重水。Uはウラン。

6 ton D_2O　10^3KR
2.9 ton U　クローネ
1.6 Watt
Dr. Holte

Wergeland (Trondheim)

十月十九日（火）　受信　ボップ　ハイトラー　アメリカ　信子

朝研究所へ行くと小切手がきている。早速手紙を書く。ボップへも返事を出し、23日に行くことにする。SASで変更をたのんでくる。ハンデルスバンケンで［小切手を］$にする。買物をする。猿、ジュウタンなどを買って送り出す。夜、メラー邸でごちそうになる。パイス、フリッシュ、シニ［チニ］等々……

猿　：22
ジュウタン：11
ブローチ　：18

十月二十日（水）

ブローチ	：8×2
〃	：35×2

買い物に出かけ、ハンドバックをもとめる。SASの切符をとる。研究所でシュルツに五〇〇クローネ返却。

十月二十一日（木）

受［信］　鎌倉　小川

人形（木）	20
〃	15×2

朝、岸本［鎌一］氏と食堂で出会う。朝研究所に行き、みんなにサヨナラをする。昼平林氏来訪。40＄返却。午後メラーにサヨナラ。ブロンステッズ家へ挨拶に行く。夕刻メラー夫妻お土産を持参さる。夜尾崎、橋本、岸本氏と話す。

十月二十二日（金）

朝平林氏より電話あり。御土産に本をもって行くとのこと。平林、岸本両氏とともに研究所へ寄ったのち、エアターミナルへ行く。橋本、尾崎氏もきている。フランクフルトへ。

エアターミナルへ行くバスから見る森の紅葉が美しい。午後買い物をする。文彦のアグファ・シンクロボックス等。

コダクローム	
シンクロボックス	20
靴	39

ドイツ

エキ	30$
ホテル	10$
	40$

十月二十三日（土）

朝ハサミを買いに出かける。マイン河に沿った公園で……。大学にフント［Hund, F.］を訪ねるがいない。ホテルに戻り荷物をもってエアターミナルに行く。古い靴を日本へ送りかえす。エアポートからミュンヘンに。はるかにボーデンゼー［湖］が見える。エアポートにボップがむかえにきてくれる。バスでエアターミナルに行く途中、ホテルの前でおりる（ホテル、フェルドヒュッテル）。街を一緒に散歩し、ホーフブロイハウスでビールをのむ。

夜ボップ邸で御馳走になる。ヨーロッパ滞在中一番楽しい日。十二時すぎ停留所まで送ってくれる。南十字星が美しい［編注］。

編注　南十字星でなく別の星。ミュンヘンでは南十字星は見えない。

ハサミ	10
宿泊	20

十月二十四日（日）晴

七時十分ヴィルドがくるが、汽車が九時五分であることを告げる。九時前にボップがやってくる。つづいてヴィルドが来る。共に駅に行くとボップ夫人、ハーグ、ウィダームート夫妻がいる。汽車でガルミッシュ・パルテンキルヘンに、タクシーで空中ケーブルの駅まで行き、空中ケーブルでクロイツエッケまでのぼる。

徒歩でAlpspitzeに行くと雪がある。レストランで食事をしたのち山道を下る。ボップがときどきころぶ。谷間の河におりたところには大分日が暮れてくる。美しい牧場のあるところを下るがまっくらで、しまいには道が分らない。駅についたのは七時。七時半の汽車にのり次の駅でのりかえのため一時間半まつ。その間に食事をする。寄せ書きを信子におくる。十一時ミュンヘンにかえる。

十月二十五日（月）　雨のち晴

朝、八時四十五分、ハーグがホテルにくる。勘定を払おうとすると、すでにはらわれている。タクシーでスイス・エアに行き、荷物をおいて研究所へ行く。一時間話をしたのちヴィルドに案内してもらう。ハーグとトラム［電車］でエアターミナル［に］行きバスでエアポートに。チュリッヒに着くころには晴れてくる。エアターミナルでホテル・レオネック（LEONECK）を予約する。ホテルに荷物をおいてBahnhof Str.［駅前通］を散歩し、湖まで行く。

胡桃割　21Fr.
カレンダー　3.4

ホテル　15.00＋サービス

スイス

エアポート	10 $
トーマス	10 $
フィルム	10 $
時計	50 $
	80 $

十月二十六日（火）晴　［発信］手紙　信子　千鶴子　文彦　Bopp　E研

カレンダー	4.5
エクスカーション	11.4
ハガキ	5

朝食をすませ、河に沿ってベレ・ヴィウまで歩く。途中でペスタロッチ・カレンダーを買い、ピカソの展覧会を見る。ステーションの前でエクスカーションの切符を求め、再びオペラのそばのレストラン・オペラでトーストをとる。ブロイラア［Bleuler, K.］にあう。十三・三十分のバスでルツエルンにむかう。四十分休んだのちリギ山に登る。レストランで御茶をのむ。入日が美しい。七時にチューリッヒに戻る。

十月二十七日（水）雨　［発信］手紙　信子　Møller　尾サキ　ハシモト　ヒラバヤシ

ハンカチ	11.70 (1.95)
時計	120.00→28$
食事	7.55
時計	78.00→18$

十一時半ホテルを出て飛行機のbookingをcheckしに行く。時計を買いに行く途中食事をする。信子の時計を買って一旦ホテルにかえり、信子への手紙を書いたのち、又御母さんの時計を買いに行く。帰途又ブロイラーに会う。ホテルにかえってから散髪に出かける。散髪屋でサイトウニロウさんに会う。一緒に夕食をくう。八時ハイトラー［Heitler, Walter H. ＊］に電話をかけ、明日昼会う約束をする。

書簡より

十月二十七日　信子様

〔前略〕昨日は余りの上天気でしたので、元気を出して観光バスにのり、まずルツエルンに行き、湖水に沿って東へもどり、リギ山の頂上までゆきました。ルツエルンはゲーテ、シルレル等のいたところで、四国湖畔にはウィリアム・テルの遺跡が沢山あります。林檎が真赤に実り、山上の牧場には牛が沢山遊んでいました。林の紅葉も美しく、とくにピラツス山に日が入る風景は画のようでした。〔後略〕

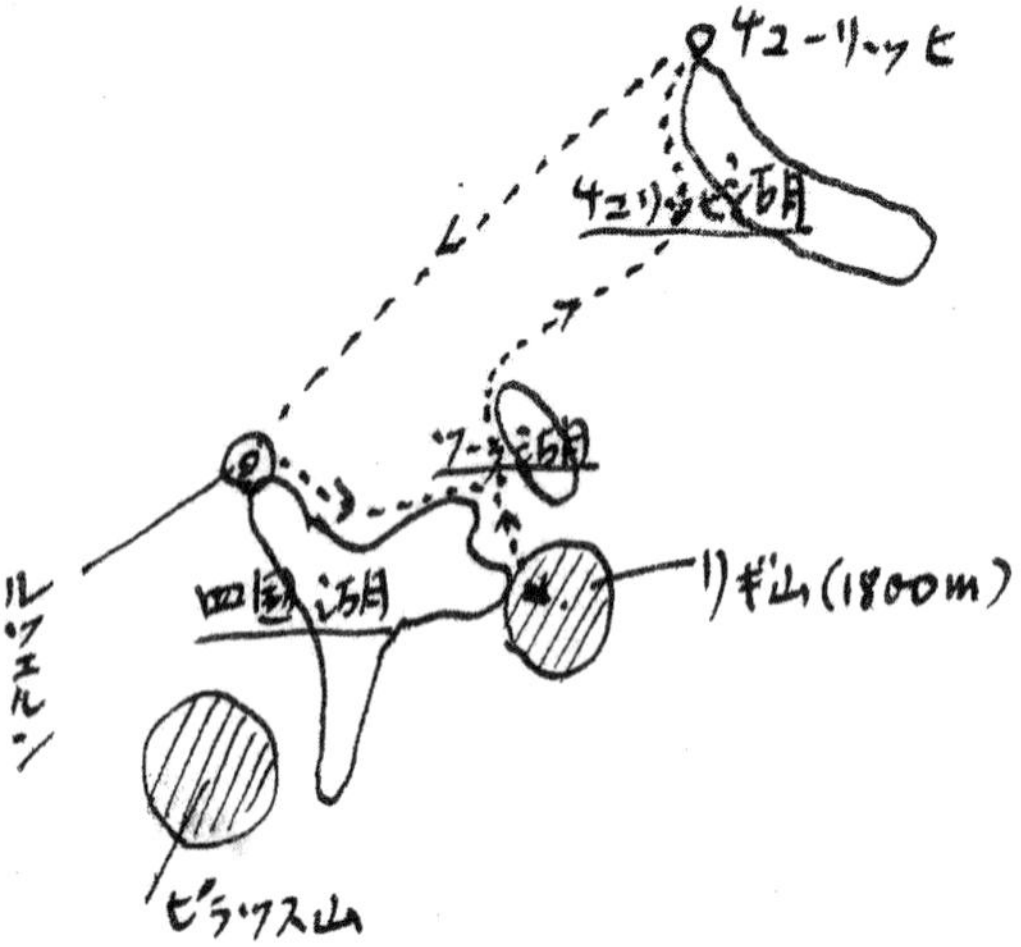

十月二十八日（木）　発〔信〕　信子

十時半ホテルを出てDolder〔近郊の林間保養地〕へ赴く。RömerhofからSeilbahn〔ケーブルカー〕にのり終点でおりて森の中をさまよう。一旦ホテルにかえり、十二時大学にハイトラーを訪ねる。一緒にレストランで食事をし、部屋にかえってdouble β decay〔二重ベータ崩壊〕の話をする。ETH〔連邦工科大学〕にパウリを訪ねるが講義中でいない。大学にかえりハイトラー、ブロイラーと共に御茶をのむ。夜CorsoでChaplinの*Modern Times*を見る。鵜飼の映画を見せてくれる。

上欄メモ　1. あまり沢山論文を書きすぎる　2. 引用をしない　3. 簡単なことを複雑にする

Terroux〔Rutherfordの弟子のTerroux, Ferdinand R.のことか〕

十月二十九日（金）

朝パウリに電話をかけると十一時半にETHにくるという。荷物をcheckにしたのちホテルで休み、十一時半にパウリを訪ねる。ニュウトリノの話をする。

FELDQUANTISIERUNG〔場の量子化〕の本をもらってかえる。ベレ・ビウで休んでエアターミナルに行く。四国鉄道病院長山川氏及び、鉄道の大谷氏と一緒になる。

飛行機はアルプスをこえて行く。モンテ・ローザ、マッターホルン等が美しい。ミラノにつくころは一面の雲海。ローマのエアターミナルにはヒシダ［菱田］君がむかえにきてくれる［編注］。ヴィア・パイシエロのパンションをとってくれる。一緒に上海で食事をする。夜、森田氏らと一時ごろまで話す。

編注　菱田君は、森田たまが最初ストックホルムで知りあった美術留学生。森田は、ストックホルムでも、コペンハーゲンでも、ローマでも菱田の世話になった。

十月三十日（土）　受信　カマクラ

大使館に行き、金倉氏、大使らにあう。午後アメリカン・エキスプレスのバスでコロシウム等を見る。夜は山下貢一等書記官邸で森田、ヒシダ、田中路子、八千草ひとみらと食事をする［編注］。

編注　この時期に、ローマでは八千草薫（本名ひとみ）を主役蝶々夫人とする日伊合作映画「蝶々夫人」の撮影中だった。田中路子は、蝶々夫人の小間使いスズキの役。編者解説257ページ参照。

ローマ大使館の山下貢一等書記官の家で。右から3人目の坂田から左へ森田たま、八千草ひとみ（薫）、一人おいて田中路子。10月30日

ローマのガイコツ寺。

十月三十一日（日） 発［信］ 信子 カマクラ

朝十時ホテルを出て先ず近代博物館へ。ポポロ広場からコルソ大通りをとおり、テベレ河畔にでる。ガイコツ寺まで歩いて一旦ホテルに戻る［編注］。次に駅に行きハガキを出し、ヴィア・ナチオナルをヴェネチアまで歩く。再び駅にかえり食事をしてホテルに戻る。

編注　ガイコツ寺はアンデルセン『即興詩人』の冒頭に出てくる。

十一月一日（月）晴 受［信］ 信子2 発［信］ 文［彦］

ヴェネチエ宮を見る。パンテオンまで歩き、御茶をのむ。トレヴィの噴水の近くのレストランでスパゲッチをたべ、ホテルに戻る。森田さんと話しに行くと信子から手紙がきている。夕方駅から街にかけて散歩してくる。

十一月二日（火） 受信 信子二通 カマクラ二通 尾ザキ 発［信］ 有山 信子 伊［都子］ 千［鶴子］ 湯川

TRITONE［通り］の銀行で40ドル替える。百貨店を見てからサン・ピエトロに行く。近くで食事をして美術館に行こうとするが、午後は休み。致し方なくバルベリーニにひきかえし、ガイコツ寺に入ろうとするが、ここも休み。大使館に行き手紙をうけとったのち大学に行く。入口でカイアニエロ［Caianiello, E. R.］にあう。トウシェック［Tousschek, Bruno］等と話しているうち、フェレッチ［Ferretti, B.］がやってくる。実験室を案内してくれる。明日一緒に昼食をしないかとのこと。Chemical Physics (Diffusion 及び $H_2 + D_2$ reaction) Cosmic ray in nuclear plate (500,000＄ ケンビキョウ)

夜食をステーションでとったのち戻る。山田氏、森田氏、ヒシダ君にあう。

十一月三日

朝勘定をすませ、荷物をエアターミナルにもってゆこうとしたが、まだプレスをたのんだズボンがこないので駅に行きはがきを出し、ひげそりをかい、ガイコツ寺を見て戻る。ズボンをうけとったのち、エアターミナルに荷物をもってゆく。丁度三十kgの由。一時半にフェレッチが自動車でむかえにくる。一緒に彼の家にゆき、昼食の御馳走になる。街へ出かけると雨にふられる。夜は原田大使館邸［公邸］で御ちそうになる。十一時エアターミナルに行く。

関連エッセイ・座談会

デンマークとボーア博士

アンデルセンの童話を生んだ美しい国として親しまれているデンマークは、原子物理学のメッカでもある。ボーア博士の主宰するコペンハーゲン大学理論物理学研究所は量子力学の創始の地として知られ各国の学者がたえず集まり討論の花を咲かせていた。

不幸にして第二次大戦中はデンマークがドイツ軍に占領されたため、この研究所も一時閉鎖の憂き目を見たことがあるが、最近はCERN（セルン＝ヨーロッパ原子核研究センター）の理論部の本拠となり、再び昔の姿に返ろうとしている。占領当時ナチスはデンマークの原子物理学者の協力を強く希望したが、ボーア博士をはじめこの研究所の人々が、その要求を最後まで拒否し続け、学問の自由を守り抜いたことは科学史上特筆されてよいことであろう。

ボーア博士はそのため、ついに生命の危険を感じ、深夜ヤミ船に乗ってスウェーデンに脱出せねばならなくなった。私がコペンハーゲンに着いて間もないころ、宿の主人が言うには「もし街で何か困ったことが起こったら、ボーアさんの研究所にいる、と言いなさい。ボーアさんの名を言えばどんな難しい問題でもたちどころに解決しますよ……」と。

デンマークでボーアさんがそんなに尊敬されているのはもとより彼の原子物理学上の業績が偉大であるために違いない。しかしデンマーク人にとって耐え難い苦難の時期であった占領下において、ボーアをはじめとするこの国の科学者たちのとった立派な態度が彼への尊敬の気持ちを一層高めているのではなかろうか。同じことはデンマーク国王についても言える。王様や毛帽子を冠った衛兵に人気があるのは、確かに米国人が嘲笑しているようにヨーロッパ人の懐古的感情に由来するアナクロニズムであろう。しかし占領中、現国王が民衆の意思を代表してナチスの要求を拒絶したため幽閉された事実のあることも忘れてはならないだろう。ボーアさんの助手クリステンゼンが言うのに「もし今日、大統領選挙をやったら共産党員まで王様に投票するだろう」と。

本年［一九五四年］はコペンハーゲン大学の創立四七五年に当るので、九月になってから各種の行事が開かれているが、研究所でも八、九の両日、研究室を開放し、一般の見学を許した。その間八日には王様夫妻、九日には文部大臣がやってきた。王様たちはお付きも護衛もなく、一台の自動車で来たので、気づかなかった人が多かったが、文部大臣は随行が多く、迎える方でも大騒ぎだった。翌日の新聞によると、そのおかげで来年は研究所の予算がふえることになったらしい。

この研究所はコペンハーゲンの中心部から東北に少しはずれた場所にあり、南側はブレダムスヴァイという大きなぶなの並木路に面し、北側は広い公園の美しい芝生につらなっている。建物は見たところ質素な小じんまりとしたものであるが、内部は驚くほど便利にできていて、そのため日本の研究所などにくらべると事務職員の数が非常に少い。門の右側にある小さい建物は、昔ボーアさんの住んでいたところで、現在では一階は事務室、二階は所長室、三階はボーアさんの秘書役ローゼンタールの住居になっている。元来、理論的研究が主体であるので、実験施設としては重陽子を千万ボルトに加速できるサイクロトロンが一番大きいものである。敷地も大変狭く、もう拡張の余地がないが、裏の公園から土地を借りることは不可能だとのことである。というのは、この公園は平常は子供のフットボールの練習場になっているが、メーデーのような野外の大集合には必ず使用される重要な場所なので、これを分譲するには国会の承認を必要とするからだ。サイクロトロンを設置したときには、仕方がないので地下室を公園の下まで拡張した由である。地下の権利が法律的にどうなっているか知らないが、これもボーアさんの名前でようやく可能になったのではなかろうか。

ボーアさんは何かというとよく研究所の人々を自宅に招待されるが、大学の創立記念祭のあった九日の夜にも全員を招かれた。ボーアさんの住居はカールスベルグというビール会社の所有で、何千坪もあるかと思われる広い庭園のなかに建っている豪華な邸宅である。ここは代々デンマーク第一の学者の住居に提供されることになっていてボーアさんの前には哲学者ホフディングがすまっていたそうである［編注］。ボーアさんの居間の隣は大きな温室で美しい花が咲き乱れている。デンマーク人の花好きは有名で、どこの家でも窓際に植木の鉢がギッシリ並んでいるのが自慢である。大きい家になるとたいてい温室をもっているが、ボーアさんのはとくに大きく、まるで植物園のようだ。温室を通り抜けた向う側の広間が宴会場になっているのはお客に温室を見せるためであろう。広間はギリシャふうの建築で周囲には沢山の彫刻が並んでいる。その中には、この国の誇るドルヴァルセンの作も入っている。また大きな馬の絵の石版刷が額になってかけてあるので、傍に行って見ると新潟県長岡市の判が押されている。これはボーアさんが日本からもらって帰られたものであろう。

ニールス・ボーア邸。建物の左側に見えるガラス張りの部分が温室。

食事の前後にボーアさんのあいさつがあったが、はじめのは英語あとのはデンマーク語である。彼の言葉はなかなか聞きとりにくいが、英語のほうは、とにかく研究所の発展につくした人々に対する謝辞であったらしい。とくに彼の秘書役として自己の研究を投げうってつくしているローゼンタールに対し深い感謝が述べられた。食後、広い庭園に出ると、中央の噴水が照明で美しく輝いている。傍にいた人たちのささやきを聞くと研究所の会合でボーアさんがデンマーク語のあいさつをされたのは、はじめてのことだ。何か余程うれしいことがあったらしいとのウワサである。翌日の新聞の報じた研究所予算の増加がその原因なのかも知れない。ボーアさんのデンマーク語のあいさつの内容は、あとでギリシャの風物を紹介した映画を見せるということであったらしい。

庭の散歩をすませて広間に帰ると、芸術写真家として著名なユンケルが撮った「グリークランド」の美しい場面が映し出されていた。ともに海洋国であるギリシャとデンマークの間には多くの共通点があると言われている。討論の中から結論を引出すボーアさんの仕事のやり方をギリシャ的だという人もあるが、彼が私たちにギリシャの風物を見せてくれたのは一体どういう教訓を含んでいるのであろうか。彼のデンマーク語がわかれば、このナゾがとけたのかも知れない。

『科学と平和の創造——原子科学者の記録——』(岩波書店、一九六三年)より
毎日新聞(一九五四年九月二十一日)初出

編注

この邸宅は、巻頭の地図に書いたように「栄誉の家(Aeresbolig)」と呼ばれている。ホフディング(一六〇ページに出てくるヘフディング)が初代の居住者で、ボーアは二代目である。ヘフディングは一九一四年から一九三一年に亡くなるまでここに住み、一九三二年にボーアが入居した。

座談会「原子力と国際政治」

ロンドンにて［編注1］

大阪大学・東京大学教授　菊池正士博士＊
名古屋大学教授　坂田昌一博士
東京大学医学部・評論家　加藤周一博士＊
司会　藤田［信勝］毎日新聞社ロンドン支局長

原爆記念日を前に（座談会前編）

被害を広く知らせよ
伝わらぬビキニ水爆実験の脅威
科学的な平和論こそ大切

〔ロンドン本社支局発〕ジュネーヴ会議でインドシナ休戦が成立し、国際情勢は新しい段階に入った。いままでも国際情勢の背景としての原子力問題を無視できなかった。こんごももちろん同様であろう。ことにビキニの水爆実験以来　①水爆の破壊力および〝死の灰〟のようなその恐るべき被害の問題　②去る六月三十日ソ連が発表した原子力発電開始、すなわち原子力の平和的利用の問題――この二つはこんごの国際情勢の背景として大きな要素だと思う。この七月英国で三つの物理学会（純粋・応用物理学国際総会＝ロンドン、同原子核学会＝グラスゴー、同固体物理学会＝ブリストル）が開かれて、日本から菊池、坂田両教授はじめ、小谷（東大）武藤（同）荒木〔源太郎〕（京大）渡辺〔慧〕の諸氏が各国の物理学者と接触したが、この機会に、二人の日本の代表的原子物理学者にパリ、ロンドンで研究中の加藤博士を加えて座談会を開催、広島、長崎の原爆記念日を迎えた故国へ送る次第である。

本社　ビキニの水爆実験以来の日本の騒ぎをロンドン・タイムズ東京特派員は、〝ヒステリーに近い〟といっているが、欧州や米国の科学者のこれに対する関心について、どういう印象をもっているか。

菊池　原子力問題はむしろみんなが避けている感じだ。僕は一度オッペンハイマー事件で米人と英人の意見を聞いたことがあるがきわどい問題だから何もいわないね。

坂田　水爆実験の実相を知れば、あれくらい騒ぐのが当然でタイムズがあれをヒステリックだというのは意外だ。

菊池　僕はヒステリックな面もあると思う。

加藤　政治的にものを見ると、こちらの人がヒステリックだというのには、例えばいままで原爆使用に対して批判的だったインドが反対したのなら別に意外ではないが、日本のように米国一辺倒に近い政策をとっている国が急に騒ぐと突飛にひびくこともあるだろう。

菊池　日本の場合は岡崎外相は何も非難していない。国民の声として出たんだね。

坂田　そうだ。もし被害の実相を知ったら日本人の声がヒステリックだとはいえないと思う。英国やフランスではビキニ問題がかなり新聞で報道されたらしいが、私のいるデンマークなどでは、水爆実験の被害について新聞がほとんど何も書かないので、大衆はこれについて知りようがない。詳しい学問的な調査報告などは、なおさら入っていないので市民防空をやっている科学者が困っている。だから日本の科学者による水爆反対の声明書を持ってきたって、一向ピンと来ないと思う。

放射能雨にびっくり

菊池　僕が英国で会った原子物理学者たちでも八万カウントの放射能の雨が降ったといったらびっ

くりしていたね。とにかく水爆実験を日本に近い公海の上でやるのはけしからんということは堂々というべきだ。いくらいってもいいすぎではない。

加藤　こちらでも一般の人たちは、八、九割まで水爆反対だが、実感として違う。

坂田　日本人は広島、長崎以来原爆の被害をよく知っているから実感があるが、こっちの人は実感がないから違うのだ。

加藤　英国人、フランス人たちは水爆は大変なものだから使うことには一般に反対だ。しかしこれをやめれば、普通の兵器や人数による武力のうえで欧州ではソ連に対し劣勢になるという議論がある。だからそこに触れずに水爆禁止を叫ぶのは、センチメンタルだし、ヒステリックだと英国の保守的な新聞はいっている。

菊池　コヴェントリー市の市民防空の問題が新聞に出ていたが……

加藤　あれは水爆時代に従来のような市民防空は意味がない。金と時間の浪費だというので市会がやめることを決議したのだ。政府は水爆時代でも市民防空は必要だという見解で、政府が直接やるというのでもめている。デイリー・テレグラフにいわすとコヴェントリー市会もヒステリックだということになろう。

坂田　私はそれと丁度反対の場合をデンマークで見ている。コペンハーゲンのきれいな公園の中にいまでもみにくい防空ごうが残してある。どうして残しておくのだと聞いたら、次の戦争に備えるんだという。こんな防空ごうが今後も役立つと考えているのは彼らにビキニの被曝の知識がないからだと思う。私はビキニの真相を広く知らせることの重要性を強く感じているが、どうも世界のどこかにそれを邪魔している力があるように思う。

水爆戦は人類の滅亡

加藤　ただ原爆や水爆をやめろというのでなく、これをやめても平和への道があるということを明かにする必要があるね。そこまでいかなければ米英を納得させることはできない。

坂田　それと、こんど戦争になった場合にはいままでの概念の戦争は行われないであろうという点を強調すべきだ。原爆、水爆が使用されれば、全人類が滅びるかもしれないのだから。

菊池　単なる平和論ではいけないんだね。

坂田　平和論にもいろいろあるが、結局アインシュタインがいっているように、軍事技術の現状を科学的に把握した平和論でなければだめだ。その意味でビキニの被害は世界中に知らせるべきだ。

菊池　それはそうだ。はっきりした、もっと科学的な資料を提供すべきだ。政府はこれを抑えようとしないで、もっと正面から堂々とものをいうべきだ。

学者は中立的態度

本社　政治と密接な関係にある原子力問題に対する欧州の学者の態度について――。

坂田　グラスゴーの学会は原子力でなく、原子核に関するもので、しかも純粋な学会だったから政治的問題は出ないのが当然だ。

菊池　原子核といっても原子力にも関係があるのでなにか原爆について聞かれるかと私は期待していたが、何にもきかれなかった。漁船のことは知っていたが、魚に放射能があったとか雨にあったとかは知らなくて、こちらが話すとびっくりしていた。

坂田　大部分の学者たちは政治問題にふれず、いわゆる中立的な態度をとることに努力しているようだ。ロンドンのＩＵＰＡＰ（純粋・応用物理学国際総会）には日本の学会から原爆反対のアッピールが届いていたが、議長から小谷氏に対し話があって引っ込めさせられた。

菊池　この問題は物理学者の間でも一種のタブー（禁制）になっているというところもある。

坂田　グラスゴーでの原子核の学会にはインフェルドをはじめ四人のポーランド代表が東欧側から初めて参加した。インフェルドはビキニ問題に大きな関心を寄せており、彼にビキニの真相が世界に正しく伝わっていないことを話すと、彼はポーランドで五百万人の人間がナチスに虐殺されたことを西欧の人に話しても、だれも本当にしてくれないと語った。

菊池　日本で原子兵器研究をはじめないかという問題をきかれたが、これには再軍備問題がからんでいる事情はこちらの人にはどうもよくわからないようだ。こちらの学者は技術と政治問題を別々に考えているね。

本社　こっちの人は再軍備反対の日本人の気持ちはちょっと理解できないようだ。

坂田　研究の自由と金の問題がこんがらかっていることだってあまりよくわからない。米国の学者は大部分、原子力委員会や軍部の金をもらっているわけだから。しかし米国の人の中にも、大きな装置よりも研究の自由の方が大切だから、軍部の金はもらわないという学者がいたのには感激した。

原爆記念日を迎えて（座談会後編）

平和に役立たぬ水爆
武器使用を禁止せねば人類破滅
原子力発電は簡単にできる

本社　次に各国の原子力研究の現状をききたいが、菊池さんはハーウェル原子力研究所に行かれたでしょうね。

菊池　それが行けなかった。三年前から規則が変わって、ドイツ人と日本人はいけないということになったとのことで、事務所までならいいというんだがことわった。しかしハーウェルは基礎的な研究所で英国には本当はほかにスプリングフィールズ、ウィンドスケール、ケープンハーストにもっと重要なものがある。

坂田　フランスとスエーデン、ノルウェーは見られるんでしょう。

菊池　サクレは見る。それからストックホルムとオスロ、これは公開しているがこれも見る。

デンマークを見習え

本社　コペンハーゲンはどうですか。

坂田　デンマークは欧州で原子力委員会のない唯一の国であることをむしろ誇りとしている。御承知のように欧州では原子核研究のように規模の大きいものは到底一つの国ではできないというので、各国が分担金を出し合ってセルン（CERN）という共同研究組織をつくり、実験の中心をスイスに、理論の中心をデンマークにおいている。スイスのセルンの実験所には二百五十億ボルトのコスモトロンが建設される予定だが、デンマークの理論物理学研究所はセルンの理論の中心となり、ボーア以来の伝統をまもろうとしている。デンマークは高い山がなく、電力が不足でほとんど全部をノルウェーから買っているから、原子力発電ができると非常にたすかるわけだが、それでも原子力の研究は他にまかせて、自国に原子力委員会のないことを誇りにしている。日本のように原子核の研究さえロクにはじまらない中に原子炉予算がとび出したりするのでは、何もかもダメになってしまう。この点ではデンマークを見習うべきだ。原子力発電などやろうと思えばいつでもできる。

菊池　原子力発電はどんどん容易になってきているようだ。その方向に向きさえすればたやすくなるね。

本社　六月三十日のソ連が原子力発電を開始しているという声明はソ連がこの方面で先べんをつけたというべきだろうか。

菊池　原子力発電はこれまでハーウェルでだって一部やっていたから、先べんとはいえない。あそこは五千キロワットだろう。大きくはないが。

坂田　しかし原子力を発電に使ったからって直ちに平和的だとはいえない。

本社　電力は兵器の材料になるわけだからね。

菊池　英国はあと十年すれば石炭がなくなるというので原子力発電を真剣に急いでいるのも理由があることだ。

本社　では原子力発電で米英はソ連に遅れているわけではないのか。

坂田　それは技術的な問題ではなくて政治的あるいは経済的な問題だと思う。米国には重油その他もっと安い燃料があるし、資本主義国としての採算の問題もある。

安いソ連の水爆［編注2］

本社　ソ連と米国の水爆製造のプロセスの違いによる技術的な問題はないのか。

坂田　米国のいままでの三重水素による水爆にくらべればソ連の水素化リチウムによる爆弾は安いだろう。プルトニウムを原子炉の中で三重水素にかえてしまえば、もう平和的には使えないし、十二年たてばこの効力が半減してしまうが、リチウムを使ったソ連の水爆はいつまでも寿命が保たれる。

菊池　水素化リチウム爆弾は米国も造っている。ビキニで実験したのはそれだ。それでもプルトニウムはやはり要る。

坂田　しかしそれは起爆剤としてだ。技術的な点では、ソ連のやり方が平和的利用に向い易い素地をもっている。

本社　はなはだプリミティブな質問だが、水爆は平和的には絶対に使えないのか。

菊池　今の科学的段階ではダメだね。

本社　そうすると、いまは殺人的意味しかないわけだが、しかしこれを使って台風を避けるというようなことは平和的利用にならないか。

菊池　高くつきすぎるし、あとの放射能による被害が大きいから台風の被害の方が安上りだ。

信用されぬ反陽子

本社　シャイン博士が発見したという反陽子はこんどの学会で話題になったか。
坂田　グラスゴーでも話題になったがあまり信用されていない。反陽子がぶつかると物質が全部エネルギーになるんだから、そんなものが沢山できるとこれはことだね。
菊池　シャインだからバカバカしい間違いをすることはないだろうが、反陽子を沢山集めることはむずかしい。
本社　そこで結論に近づいたが〝水爆は禁止すべきか〟という質問につき御意見を承りたい。
菊池　僕はそういう質問の出し方に疑問があると思う。〝禁止すべきか〟といわれればだれでも禁止すべしと答えるだろう。水爆禁止を現代でどう実現すべきか、結局は戦争をどう避けるかという問題で、抽象的に水爆禁止を叫んでもあまり意味ない。
本社　チャーチルは水爆を作るより禁止することがさらにむずかしい問題だといった。
菊池　そして人類が存在する限り戦争はあるね。
坂田　戦争をやめる第一歩として原爆を禁止すべきだというのはいいんじゃないか。
菊池　しかし戦争や平和の問題は技術でなくイデオロギーの問題だからね。

加藤　僕はこう考える。原爆で相手のイデオロギーをこわすことはできぬ。ところがイデオロギー以外のものは勝敗にかかわりなく大抵こわれてしまう。だからイデオロギーを征伐すべきいくさに原爆を使うことは意味がない。したがって原爆は禁止すべきだ。

坂田　結局は相手と共存できるというイデオロギーが出てこなければ戦争はなくならないわけだね。

菊池　しかし国境があっては共存できない。イデオロギーは国境を越えてくる。

加藤　国境があっても共存できるという考えが出てこなければならない。

坂田　話合いで国と国との平和ができるという考え方が出てこなければならぬ。

菊池　それでも話合いで解決できない。国境がなくならなければダメだ。

坂田　話合いでは平和はできないという考え方をするものがある限り戦争はなくならない。戦争が人類の宿命として避けられないという考え方もいけないと思う。

加藤　共存できないと考える人の中には、戦争が人類の宿命だと考える人のほかに自分たちの生き方だけが、いつの時代のだれにとっても正しいと考える人もある。自由とかキリスト教を含めて、こっちでやっているのが正しいんだという考えが米国にある。

菊池　僕は米国がそう考えているとは思わぬ。やはり自国の経済機構を守ろうとしていてすべてそこから出ているのだと思う。

加藤　政治的にはむろんそうでしょうが、政治が成り立つための米国の精神的背骨といったものは徹底的な合理主義で、自分たちのやっていることは世界中のどの国民にも通用する正しいことだと考えている。それだからこそ「解放」という言葉が出てくるのだ。

菊池　それは米国に対する買いかぶりすぎで、やはり自分を守ることが動機になっていると思う。

米ソ同様の誤り犯す

本社　そういう点で米国を非難するなら、共産圏にも同じことがいえないか。

加藤　ソ連にも米国と同じ面はあるでしょう。ただソ連の理屈の中にはソ連体制の方が進んでいるという考えのほかに、放っておけば資本主義国はそうなるという考えがある。米国には放っておけばそうなるという考えはない。

本社　ソ連の方にも放っておけばそうなるが、放っておいてはいけないという考えがある。

坂田　その点でソ連が米国と同じあやまりを犯さなかったとはいえないね。

加藤　東独やオーストリアでは確かにそうだ。早く押しつけすぎると失敗する。

本社　英国は、米国のような機構がよいと思い、ソ連についてはその経済機構は別として、自由がないことがいけないと思う。しかしソ連の社会機構との歩寄りは可能だと思っている。

加藤　その点保守、労働両党の間には速度の差はあっても、違いはほとんどないね。

本社　水爆の将来と平和の問題についてどう考えるか。

菊池　ということは近い将来に水爆戦争にならないで解決できるかということだね。

坂田　こんどのジュネーヴ会議で話合いによる解決が可能だということが、つまり平和的共存の理論が実証されたので平和への希望が大きくなったといえないか[編注3]。

菊池　そうかなァ、あれはフランスがへばってしまったのではないかね。ぼくはここへ来るまでローマの史蹟を見たりロンドンでロンドン塔などをみたりして、人類の歴史の残酷さに暗たんとした。原子力と戦争の将来についても、正直にいうと多少暗い気持ちだ。

加藤　フランスはジュネーヴでへばったのではなく、世界戦争以来はじめて広い国民の支持をもった政府をつくり立ち直ったのだ。その最初の成果がジュネーヴだと思う。

坂田　しかしとにかく水爆が出来た以上、戦争手段として原子力兵器を禁止せねば人類の破滅だ。

編注1　この座談会は一九五四年七月二十四日に行われた。

2　水素の構造に関するこの部分には混乱がある。プルトニウムが三重水素に変わると坂田が言ったことになっているが、こういう反応は存在せず、坂田がいうはずもない。原稿整理のミスと校正の見逃しと思われる。この座談会当時は、水爆は米ソの開発競争の途上だった。核融合反応による爆発実験を始めて行ったのは一九五二年の米国だった。これは重水素と三重水素を冷却して液体にしたものを使った。冷却装置が大きくて運搬は不可能だった。さらに三重水素は放射性物質であって半減期十二年でベータ崩壊をしてヘリウム３に変わってしまい、爆発に使えなくなる。たとえて言えば消費期限が短い。

3

これに対して一九五三年ソ連が重水素化リチウムの水爆実験を行った。リチウム6は安定な固体であって、冷却装置はいらないので、小型化できる。爆発の時のエネルギーと中性子によってリチウムがヘリウムと三重水素にかわり、この三重水素が周囲にある重水素と反応して核融合が起こる。

一九五四年三月、米国はビキニ環礁で核実験を行い、爆発力の大型化で応えた。座談会当時はまだわからなかったが、核分裂反応を起爆剤にして、核融合反応を生じさせ、さらにこの時のエネルギーと中性子によってウラン238の核分裂を起こさせたのだった。

ジュネーヴ会議での話し合いによる解決とは、この座談会の四日前の七月二十日に調印されたインドシナ休戦協定のこと。一八八七年以来フランスが植民地としてきたベトナム・カンボジア・ラオスの独立が合意された。この会議には、フランス、ベトナム国、ベトナム民主共和国、カンボジア、ラオス、米、英、ソ連、中国が参加して、四月二十六日から行われてきた。

毎日新聞（一九五四年八月五日・六日）掲載

アンデルセンの国を旅して

私は昨年〔一九五四年〕コペンハーゲンのボーア博士の主宰される理論物理学研究所を訪れ、約四カ月半滞在した。デンマークはアンデルセンを生み出した国として知られているが、たしかにこの国にいると彼の名に特別な親しみを感じてくる。街を歩くと必ず彼の肖像とか、童話に因んだものが目に触れるし、デンマーク人と一緒にお茶を飲むとしばしば彼のことが話題となる。アンデルセンの自伝には故国が彼に冷酷であったことが繰返し書かれているが、今日では彼くらいデンマーク人に尊敬され、親しまれている人物はいないだろう。今春四月二日は彼の生誕百五十年に当るが、デンマークでは国を挙げて祝典の準備を進めている。

コペンハーゲンに着いた翌朝ホテルを出て研究所に向う途中ローゼンボルグ城の外苑にさしかかると早速アンデルセンの銅像が目に入った。片手に本を持ち子供達に童話を読んで聞かせている姿だ。その日はメーデーだというのに北欧の春はなお浅くあたりの木立は未だ芽をふいていない。萌え出た許りの芝生の緑が目を射るように明るく美しい。傍のベンチに腰を下し青空にそびえたつ古城を静かに眺めているとさながらお伽ぎの国に遊ぶ思いがして、この国でアンデルセンの美しい童話が生れたのも宜なるかなと感じた。

港に近い海岸沿いの路ランゲリニエを歩くと「人魚姫」の像に出会う。エリクゼンという彫刻家の作だと聞いたがこの像はコペンハーゲンの象徴になっているくらい有名だ。海辺の岩の上に座り王子様を待っている美しい姿は道行く人々の心を童話の世界に誘いこまずにはおかない。五月の最初の日曜メラー教授夫妻の案内でここを訪れて以来、このあたりは私の大好きな散歩路となった。

コペンハーゲンの銀座通りストローエットにある聖霊教会の庭には「ある母親の話」にでてくる子供を連れ去る死神の像が立っている。私がはじめてこの前を通ったのは丁度十年前デンマークがドイツの占領から解放された記念日の前夜であった。窓という窓に全部蝋燭が点され、教会の周りには大勢の人が集って祈りを捧げていた。これらの人々はきっとレジスタンスで失った息子たちのことを思い出していたに違いない。このあたりは森田たまさんが滞在された頃よく一緒に歩いたところである。

人魚姫の像

私の泊まっていた家の主人は少し名の知れた彫刻家で、絵描きである奥さんと一緒に長くイタリヤに住んでいたことがある。アンデルセンがイタリヤを好んだことは『自伝』や『即興詩人』を読んでもわかるが、この老彫刻家も亦イタリヤを第二の故郷として懐しみ、彼の家はこれまで研究所を訪れるイタリヤ人の定宿のようになっていた。そのためでもあろうか彼は大のアンデルセンびいきで、私の部屋の書棚を生誕百年記念に出版された全集で飾ってくれたり、お茶のときなどにも度々アンデルセンのことを話すのであった。

デンマークに着いてから一月余りは全然日本人と会う機会がなかったが、六月始めアンデルセンの翻訳者平林広人氏がコペンハーゲンに滞在されていることを知った。彼は今から約三十年前丁度仁科芳雄先生がボーア博士の研究所におられた頃にも在留されたことのある齢七十の老人である。今度も出来ればアンデルセン生誕一五〇年祭まで滞在したい意向であったが、都合で帰国の途につかれた。彼からは春の祝典に間に合せて日本から鷗外の『即興詩人』の初版とか、筆跡、写真等を贈ってはという相談をうけたが、私もこの企てには大賛成であったので早速妻に手紙を書き鷗外の妹である妻の祖母小金井きみ子女史に連絡を頼んだ。

七月にはロンドンで開かれた国際物理学連合の総会とグラスゴウの原子核物理学シンポジウムに出席するためイギリスに渡ったが、フランス、ドイツをまわって八月初旬には再びデンマークに戻ってきた。北欧の夏は全く緑の冬でパリやフランクフルトの暑さが嘘のようであったが、それでも研究所の人達は皆休暇をとってコペンハーゲンにいなかった。私もデンマークの田舎を旅行することにきめ、こうの鳥の巣のある古い街リーベ、美しい湖畔の街シルケボルグ、新しい大学のある街オールフース等を回遊する切符を買ってコペンハーゲンから西南にむかう汽車に乗った。

『みにくい家鴨の子』の書き出しに、「田舎は夏の盛りでどこも素晴らしい景色でした。畠では小麦は黄色く実り、カラス麦は青々と育ち、向うの草地では乾し草がうず高く積み上げられていました。その中をこうの鳥は長い赤い足で歩きまわり、お母さんから習ったエジプト語をぺちゃくちゃおしゃべりしていました。畠と草地のまわりには大きな森がつづいて、その森の真ん中に深い湖がありました。本当に田舎は素晴らしい光景でした」という一節があるが、車窓から眺めたデンマークの田舎の景色は全くこの叙述のとおりであった。

最初に降りたのは、アンデルセンの生れた街オーデンセであった。ここはデンマークの二番目に大きな島フューネンの首都である。駅前の公園を通り抜け、左に曲ると直ぐアンデルセン博物館の前に出た。この建物はアンデルセンの祖母の住居であり、彼は此所で生れたといわれている。今から丁度五十年前市が買いとって博物館にしたのだそうである。中には彼の原稿、著書、肖像画、写真、旅行用具、家具等をはじめ、彼に関係のあるあらゆるものが陳列されている。『即興詩人』の中に挿画として使われたイタリヤ旅行の際のスケッチも面白かったが、私の興味を一番ひいたのはクリスマス・デコレーションのためにつくったという彼の切紙であった。ここにも彼の自由な創造力が満ち溢れているのを感ぜずにはおられなかった。世界の五十数ヶ国で出版された彼の小説や童話の翻訳がほとんどあますところなく蒐集されているのには感心したが、日本のところが余りにも貧弱であったのにはいささか驚いた。鷗外の『即興詩人』も見当たらなかったので早速岩波の稲沼さんに手紙を書き、先頃

アンデルセンの切り絵

出た鷗外全集の中の一巻をこの博物館とコペンハーゲンの王立図書館のアンデルセン文庫に寄贈して頂くよう頼んだ。日本のもので異彩をはなっていたのは日本童話協会から贈られた蘆谷蘆村や三島通陽などの名が寄せ書きされている掛軸と日本で演ぜられた彼の童話劇の写真であった。

館内を一巡したのち、出口に備え付けられたサイン帖に署名していると番人の婆さんがやって来て中国から来たプロフェッサーかと尋ねた。二三日前の新聞に名前は忘れたが北京大学の教授でアンデルセンの研究をやっている人がコペンハーゲンに着いたと報ぜられていたから、恐らく彼と間違えたのだろう。

博物館を出て南に行くと川沿いにアンデルセン公園がある。入り口の正面に公園全体を見下してアンデルセンの銅像が立っている。このあたりは恐らく彼が子供の頃遊び場所としていたところであろう。近くには彼が少年時代を過ごした家も保存されている。彼の父は貧しい靴直しであったというが、とてもみすぼらしい二軒長屋で、もう少しで見落すところであった。
オーデンセに生れた「みにくい家鴨の子」は今ではデンマーク最大の文豪として尊敬されている。しかし、デンマークではただアンデルセンと言っただけでは彼のことを指しているとは思ってくれない。ハンス・クリスチャン・アンデルセンと名前の全部を言わないまでも、少なくともH・C・アンデルセンと言わなければならない。何故ならばアンデルセンという名前が田中とか、井上とかいった大変ポピュラーな名前だからである。私も僅かな滞在の間に、数名のアンデルセン氏に紹介されたのであった。

『科学と平和の創造――一原子科学者の記録――』(岩波書店、一九六三年)より
「図書」一九五四年二月号(岩波書店)初出

第十四回ソルヴェイ会議の想い出

[学士会会報]編集委員会から執筆の御依頼を受けて以来、ずいぶん長い日時がたってしまった。折悪しくちょうどその頃から足かけ三年脊髄を患い、病院で暮した期間だけでももう一年近くになる。ほかの人にはさぞ時間をもてあましているのではないかと思われているかも知れないが、病床の一日は案外に忙しく、まとまった読書や執筆にはむいていない。これまであまり病気の経験がないので、時間の利用法に慣れていないせいかも知れない。そんなことで編集者の御要望に十分応えることはむつかしく、軽いもので責任を果たすことにしたい[編注1]。

ちょうど筆者が発病した前年一九六七年の秋、ベルギーのブリュッセルで第十四回ソルヴェイ物理学会議がひらかれた。ソルヴェイ会議はアンモニア・ソーダ法の発明により、巨万の富を築いたソルヴェイの寄付により設立された財団が四年目毎に開催するもので、ノーベル財団のノーベル賞と並んで、二十世紀の学問の発展に極めて大きな役割を演じたことはよく知られている。近年ICSU(国際学術連合)の主催する会議が年々千人をこえる大きな集会になりつつある現状の中で、二十人前後の会議のもつ意義は極めて大きい。しかし、大会議によって変貌をとげつつある学問の性格が、このような伝統ある会議へも反作用を及ぼしつつある事実は否定することができない。そんな話を前々回

デンマークにおける坂田夫妻、1967年

の会議に出席された湯川、朝永両先生から伺っていたので、一九六七年の会議に招待されたときにもどうしようかと迷った。しかし、国内的にむしゃくしゃしていたおりでもあり、また子供達が小さい間は妻と一緒にでかける機会がなかったので彼女への感謝をもふくめ、妻を伴い何度目かのヨーロッパ旅行へでかけることを決意した。その旅行についてはまだどこにも書いたことがないので、とくに変った話でもないがその想い出を綴り、責任を果たしたい。

コペンハーゲン

ソルヴェイ会議は十月の第一週にブリュッセルで開かれたが私たちはすこし早く出発した。一九五四年の早春から晩秋までをコペンハーゲン大学理論物理学研究所（現在名ニールス・ボーア研究所）

ですごした私にとってはコペンハーゲンは第二の故郷のような感じがし、ヨーロッパを訪れるたびに必ず往復一週間前後滞在することを例としているからである。北極まわりのヨーロッパ線は早朝にコペンハーゲンに着くので、空港の銀行は未だ閉っている。バスの運転手にドルをクローネにかえてもらい、ターミナルからタクシーをひろって常宿のホテル・バルチックにむかう。予約してあったが、ここでも時間が早いので大分ロビーで待たされる。このホテルはこれまではバラック建ではあっても非常に清潔で値段が手頃なところが特徴であったが、今度は横手にすばらしい本建築がたっていて吃驚してしまった。ひとねむりしたのち、かつて下宿していた家の老婦人に電話をする。ブロンステッド夫人はすこし名前の知られた女流画家で、前年の秋彫刻家だったご主人をなくされたあとは、ひとり寂しく暮している[編注2]。私たちの到着を待っていたらしく直ぐにその日の午後のお茶にきてくれとの返事である。夫人の家はコペンハーゲンの北にある鹿の住むことで有名な公園に近い海岸通りにある。門を入ると、正面に古いぶなの木があり、その傍に夫君の製作した大きな石膏の立像がみえる。彼女のアトリエで、お茶と心のこもった御手製の暖いお菓子を頂く。アトリエの正面の壁には彼女が画家を志した頃に模写したレンブラントの花と少女がかかっている。この画の実物は、現在でも市庁舎の近くにあるニュウ・カールスベルグ・グリプトテークに収蔵されている。お茶のあと一緒に海岸通りを散歩するとはるかにスエーデンをのぞむことができ、またそこらに立ちならぶ家々の庭の赤い木の実が大変印象的であった。散歩からもどると応接間でブランディを飲み、昔話に花を咲かせている中にかえる時間となったが、翌々日には夜の食事に是非くるようにと招かれる。妻とも話したことだが全体のムードが、北軽井沢で野上弥生子さんの山荘を訪れたときの感じとよく似ている。
旧知のメラー教授とローゼンフェルト教授は、すでにソルヴェイ会議の準備のため、コペンハーゲンを離れておられたので、翌日はまず市内見物にでかける。北欧神話からとったギフィオンの噴水のあたりから有名な小さい人魚姫の像のところまでランゲリニエを散歩したのち、王様の衛兵がゆきき
しているアマリエンボ、マーブル・チャーチをへて、アンデルセンの像のあるキングス・ガーデンを訪れ、コンゲンス・ニュトロフからコペンハーゲンの銀座通(ストローエ)を抜けて市庁舎前広場まで歩く。バスで一旦ホテルに帰り休息したのち、夜は大使館からおむかえを頂き、小田部大使館邸で御夫妻から御馳走になる。日本では未だでまわっていない松茸料理の味が故国を想い出させる。
次の日も午前は市内見物、午後は北シーランドの城めぐりの観光、夜はブロンステッド邸の夕食にでかけた。近年デンマークを訪れて驚くのは、この国のインフレーションが著しく進行していることである。とくに電車賃が一九五四年頃の五倍になっていたのには全く驚いてしまった。しかし、よくよく想い出してみると昔は度数制の切符と、時間制の切符があり、現在は時間制のみが残っている。時間制は合理的で一時間の間は何回乗降してもよいことになっている。私達もこの制度をフルに利用するようになってからそれほど高いと感じなくなった。例えば、こんなことがあった。ホテルからパイプオルガンで有名なグルンドヴィ・チャーチを訪ねたとき、帰途電車の中で妻が教会にカメラを忘れたことを想い出したので、直ちに逆向きの電車でひきかえし、再び同じ番号の電車で芸術博物館を訪れたところ運悪く改修のため休館だったので、また同じ線の電車にのって市庁舎までいった

が、これがすべて一枚の切符ですんだのである。

北シーランドの城めぐりには何回もきたことがあるが、バス・ガイド付の観光バスでまわったのは始めてであった。美しい湖のほとりにそびえるフレデリックスボ城、シェイクスピアのハムレットで名高いクロンボ城はなんど訪れても美しい。フレデリックスボ城には、日本でいえば大勲位に相当する楯が教会にかけられており、その中にニールス・ボーアのものがあったのは印象的であった。直後にエルシノアの近くの民芸風なレストランで飲んだお茶がすごくうまかった。

ソルヴェイ会議

筆者にとりベルギーを訪れるのは、今度が始めてであった。ブリュッセルの空港に降りると、市内にむかう列車が何本も出ていて、私たちはたちまちメーン・ステーションへ到着する。ソルヴェイ財団が用意してくれたホテル・ウエストベリはそのまんまえにたつ二四階の高層ビルで、とても自費では泊まれそうにない豪華なホテルである。ブリュッセルは近年EECの中心であるため、とても活気を帯びており、とくに当時ブリティッシュ・フェアがひらかれていて街には二階建のバスが走り大変賑わっていた。ホテルのフロントで梅沢博臣君と会う。彼は日本を離れてすでに久しく、現在はアメリカのミルウォーキーにいる。久し振りの再会をともに喜ぶ。その夜はブリゴジン教授邸のカクテル・パーティーに招かれていたが時間があるので、その前にグラン・プラスを通り抜けて、小便小僧（マネキン・ピス）を見にゆく。美しいレースを売る店が多い。夜のカクテル・パーティーではメラー、ハイゼンベルク、マルシャック、ウィグナー、ローゼンフェルト、ペラン等に会う。ソルヴェイ会議が主役を演じたのは、現代の物理学がなん人かの英雄によって動かされていたいわば「英雄時代」であった。当時はローレンツ、アインシュタイン、ラザフォード、ボーア、ランジュバン、ペラン、キュリー、ボルン等十人もの英雄が一堂に会せば、物理学の現状と将来について十分に語ることができたのではなかろうか。ところが、現在では研究者の数が急速にふえ、学問の性格が一変してしまった。ボーア、ボルンを失った今日ではもはや英雄の名に値する人としては西のハイゼンベルクと東の湯川を挙げうるだけではあるまいか。今私たちが英雄時代をなつかしむのは、けっして懐古趣味からではない。学問が次第に健康さを失いつつあることを憂えるからである。しかし、ヨーロッパの最後の英雄ハイゼンベルクを中心にひらかれたこんどの会議の意義は、けっして小さいものではなかった。コペンハーゲンのメラーを会長とし、「素粒子物理学の基礎的諸問題」を主題とするこの会議はハイゼンベルクの哲学をベースとしてひらかれ、出席者もいわゆる専門家だけでなく、ひろい範囲の権威者が集められた。ハイゼンベルクの哲学は筆者には十分満足できぬ点もあるが、現在欧米の物理学者のなかで彼ほど壮大な哲学を背景として、学問を展開している人はいない。やはりドイツ哲学の壮大な伝統をうけついでいるのであろう。ビッグ・サイエンスの枠のなかで育っている学問が次第に面白さを失いつつあるのは、哲学がないからである。ないといって悪ければ、実証主義、実用主義の哲学に毒されているからである。しかし、さすが出席者のハイゼンベルクに対する尊敬は非常なもので、とくに晩餐会の折ワイツゼッカーの隣に座ると今ハイゼンベルクの視線が彼の視線と合ったと、ひどく感激して知らせてくれた。これには何か東洋哲学と共通したものを感ぜずにはおれなかった。戦前ハイゼンベルクの下には藤岡、菊池、朝永、有山博士ら多くの日本人が留学した。また戦後もこの年の春、夫人と共に訪日されたばかりであるから日本でも大変よく知られている。しかし、こんどの会議の内外で、この英雄の息吹を吸いえたことは私にとって大変幸福であった。また帰途ミュンヘンへ招かれたことは、彼を一層よく知る機会となった。

会議のサービスは至れり尽せりで、筆者がヨーロッパ旅行で味わった経験としては最高のものであった。グラン・プラスのデューク・ド・ブラボンの晩餐会での御馳走はもとより、毎日研究所で用意される昼食の味は、食道楽の筆者の味覚を満足させるに十分であった。さらに「平和の訴え」で著名な「エラスムスの家」でのカクテル・パーティー、国立劇場でのオペラへの招待、フランドル地方の古都ガンとブルージュへのエクスカーションも大変楽しいものであった。ガンにあるサン・バヴォン聖堂でヴァン・ダイクの諸名作に直接ふれることができたのは全く予期しなかったよろこびであった。レディース・プログラムには以上のほか「ルーベンス」の家のあるアントワープへのエクスカーション、ソルヴェイ財団理事長ルブラン氏夫人がシャトウでひらいたお茶の会等が加わった。ハイゼンベルク夫人、ペラン夫人、メラー夫人等ヨーロッパ最高の知識人の夫人との語り合いは、妻にとって大変なよろこびであったようだ。故ニールス・ボーア夫人もそうであったが、ハイゼンベルク夫人にして彼女の存在が夫君の輝やきを一層強いものにしている。同じことは、ペラン夫人やメラー夫人についてもいえる。

ミュンヘン

会議のあとパリとスイスに遊んだが、珍らしく快晴が続き、グリンデルワルドから眺めたウェッター・ホルン、登山電車に迫ってくるようなアイガーの北壁、クライネ・シャイデックのレストランから望むユングフラウ等が非常に魅力的であった。もうすこし、スイスに滞在したかったがハイゼンベルクとの約束があったので一三日の昼ごろチューリッヒを立ってミュンヘンにむかった。空港にはマックス・プランク研究所でハイゼンベルクに師事している京都の山崎和夫君が車でむかえにこられ、ホテルへ案内して下さる。車のなかでスケジュールを尋ねるとマックス・プランク研究所で四時半から講演をすることと、夜分にハイゼンベルク邸に招待されていることが当日の予定だと教えて下さる。しかし大学でボップ教授が待っておられるので、マックス・プランク研究所を訪れる前に大学に寄れるよう、ホテルに荷物をおいたら直ぐ出掛けましょうとの話。妻をホテルに残し、ボップのところを訪ねる。ミュンヘン大学は十年前訪れたときとはまったく変わり、素晴しい建物になっている。ボップは翌々日の昼食とお茶に招待したいことと、オペレッタの切符がとってあることを伝える。そのうち時間がなくなり、マックス・プランク研究所へでかけ、「素粒子の複合模型の背景」という話をする。ハイゼンベルクやデュールが最前列に座ってきいてくれる。ボップがいつの間にかかけつけ、ハイゼンベルクの隣席できいている。

六時ごろマックス・プランク研究所をでて、エングリッシュ・ガルテンのなかを通り抜けて彼の家を訪れる。入り口で二頭の愛馬に挨拶したのち、玄関に入ると山崎君の案内ですでに妻は山崎夫人とともに到着している。ハイゼンベルク夫人のホステス振りは大変見事ですばらしい御馳走になる。ラインの最後の葡萄でつくったワインで乾杯したのちハイゼンベルク自身が映写機をとり出してきて、最近の訪日旅行の写真を見せてくれる。ヨーロッパ最高の家庭で暖かいもてなしをうけたことは、こんどの旅行のハイライトであり、忘れ難い感激であった。

翌日は山崎君の案内でアウト・バーンを南に走り、まずケーニッヒス・ゼーで小休止してバイエルン・アルプスの主峰ワッツマンの偉容に感動したのち、さらに国境をこえてザルツブルグまで足をのばした。この日も絶好の日和で、楽しい一日を過す。

次の日は午前中アルト・ピナコテークで絵を鑑賞したのち、ボップ邸を訪れる。彼は数年前に夫人を失ったが、再婚した新夫人との間に三歳位のモニカちゃんという女の子がいて、家族全員のペットとなっている。昼食からお茶の時間まで彼の家でくつろいだのち、山崎君に送られてホテルへ戻る。夜ボップは再び上の令嬢とともにホテルに現われ、「皇帝と大工」というオペレッタに連れていってくれる。オペレッタは一二時すぎにはねたが、それから屋上の人形が音楽とともに踊ることで有名な市庁舎のあたりを散策し、その後で古いワイン・シュツウデルでワインとチーズを御馳走になる。ドイツの女性はワインやビールに強いので妻もついボップ嬢につられて飲みすぎたらしい。ボップの厚い友情にはいつもただ感激するばかりである。

翌日ミュンヘンを立ち、フランクフルトで「ゲーテの家」などを訪れたのち夜はハイデルベルクのツーム・リッターへ行って泊る。アルト・ブリュッケの上から眺めた古城の満月の美しさはいつまでも忘れられない。

ハイデルベルクからデュッセルドルフまでは汽車でライン下りを楽しみ、夜はエルモ社につとめる妻の知人に「日本館」で久し振りに日本食の御馳走になる。

次の日三週間振りに帰ってきたコペンハーゲンは五十年振りの嵐におそわれたというせいもあって並木はすっかり丸坊主になり、もう冬の気配が感ぜられた。一九五四年のちょうどその頃、森田たま女史がコペンハーゲンを去るにあたり、

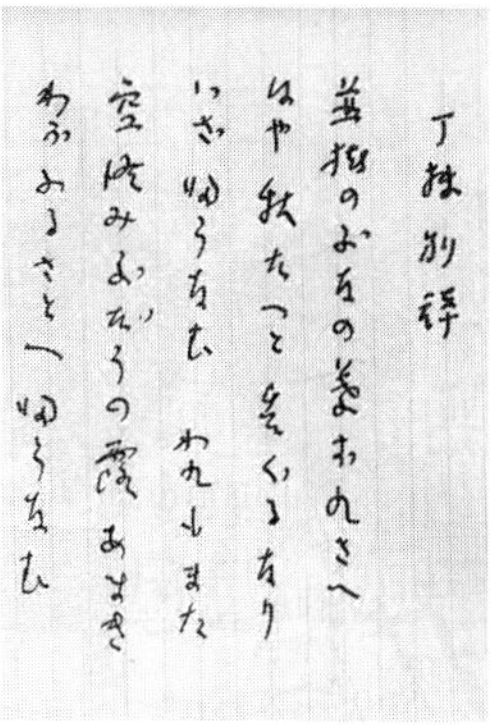

森田たまがデンマークを発つ際に坂田へ贈った自筆の即興詩「丁抹別辞」
『雲の上の散歩』(ひまわり社、1955年) より

並木のぶなの葉ずれさえ
はや秋たつとつぐるなり
いざ帰らなんわれもなお
空澄み葡萄のつゆあまき
わがふるさとへ帰らなん

という即興詩を筆者へ贈られたことを想い出す。しかし、慣例により三日間は滞在し、メラー夫妻のもてなしをうけたり、ブロンステッド夫人をもう一回訪れたり、小田部大使の招待で国立劇場のバレーを鑑賞したのち、私たちはカストラップ飛行場を故国へむけて飛びたったのである。

編注1　本原稿は一九七〇年六月に執筆され、坂田の絶筆となった。
2　クヌト・ブロンステズの没年は、一九六七年であることが墓石に刻まれている。

『科学者と社会　論集2』(岩波書店、一九七二年)より
「学士会会報」一九七〇年Ⅳ号（一九七〇年一〇月）初出

コペンハーゲンにおける坂田昌一の横顔

薬缶を買う話

森田たま

随筆家森田たまは、一九五四年六月にアムステルダムで開かれた国際ペン大会に日本代表として参加し、ヨーロッパ各国を訪ねた。デンマークには七月十日から九月三日まで滞在し坂田と親交を深めた。「編者解説」参照。

森田さん、私は薬缶を買って帰ろうと思いますと坂田さんが云う。コペンハーゲン、ボア研究所に来ておられる名古屋大学の坂田昌一博士である。

「薬缶？　あの銅でできた薬缶ですか」と私は問い返した。この国ではどこの家へ行っても、銅の薬缶が大切そうにかざってある。

マントルピースの上とか、隅の棚とかに、よくみがかれた薬缶があかがね色に光っていて、馴れないうちは、台所道具が座敷にかざられてある事に、妙な印象を受けた。もっとも馴れてもやはりピッタリしないけれど、丁抹《デンマーク》の人は大へんその薬缶が自慢で、百年前のものだとか、二百年前のものだとか云う。形は日本の薬缶とそっくりで、日本でも二百年前からあったものが此処にもあるという事に不思議な思いをする。

しかし、坂田博士が買おうと云われたのはそれではなかった。

「お湯がわくとピーと鳴るのです。あれは便利ですよ。ああいう薬缶は日本にはありませんね」

「御冗談でしょう。日本には私の若い時からありました」

だが、戦後はその薬缶があるかないかよくわからない。去年から丁抹へ農業見習いに来ていた九人の農業団の人たちも、みんなその薬缶を買うと云っているところをみると、戦後は出ていないのかもしれない。

農業団の人たちが、荷物のついでに私達の分も便宜をはかってくれるというので、秋晴れの一日、坂田博士と私は百貨店へ出かけた。二週間ほど前に、やはりボア研究所へ招かれて来た九州大学の尾崎博士が肩から写真機をかけて、いとも神妙な面持で、ついて来られた。コペンハーゲンのぶなの並樹は、いつか葉が黄ばんで、いささかの風にもハラハラと散る。九月の東京はまだ残暑のきびしい頃なのに、コペンハーゲンでは背に受ける昼のひざしがしみじみとなつかしい。

しばしば写真の現像をたのみに来られるというので、百貨店の案内は私よりも坂田博士の方がはるかに委しかった。日の新しい尾崎博士すらもう五回も来ていて、私だけがやっと三度目。買いたいもののメモを見せると、坂田博士がその売場へ案内して下さる。私がちいさな人形を買うと博士もそれを買う。博士が食堂でたたくドラを買われると、私も買う。これから先き一年滞在する尾崎博士だけは、黙々と見物しておられる。

森田さん、お猿のおもちゃを買いませんかと、坂田博士はいくへんもすすめる。これは木工細工で手足が自在に動くようになっており、あかがねの薬缶と同じくらい丁抹人に好かれている品で、名のある芸術家が考案したものだそうである。「私はあれを五つ六つ買って帰って、上からぶらさげておくつもりです」と博士は云われる。本棚かどこか上の方から、お猿が五匹つながってぶらさがっているところを想像すると、ちょっと愉快だけれど、私はお猿はきらいだという口実で辞退した。私は買いものに自信がなく、日本まで持って帰って、家の人たちからまあこんなものと云われる事を思うと、気持ちが悄気るのである。

そちこち歩いて、やっと薬缶の売場へ来た。坂田博士の、大きいのを買いたいけれど鞄へ入らないから一番ちいさいのにしましたというのを見ると、平べったい大きなアイロンのような薬缶で、「森田さん、これにはふたがないのです。口から水を入れるようになっているのですよ」

とたんに私もそれを買いたくなった。

お湯がわくとピーと鳴る薬缶は日本でもふたがなかったかもしれない。ふたがないからピーとなるので、当然の事かもしれないが、ふたのない薬缶はまだ日本にはないかもしれないと、私はそれを買う事にした。愛想のよい売子が、一つずつ提げられるような袋に入れて渡してくれた。尾崎博士がそれを一つずつ両手に提げた。坂田博士の鞄は私の買いもので既に一ぱいにふくらんでいたからである。

半熟玉子をはかる三分間の人形時計、上から押すと下へこぼれる塩、胡椒入れ、そんなものを買って百貨店を出て、のどがかわいたから何か飲みましょうと、広場へ出てくると町角の大きなビルディングの角のところに寒暖計がついていて、遠くからでもよく見える二十二度。今日はコペンハーゲンも残暑であるらしい。寒暖計の頂上に昇降人形があり、雨の日は雨傘、晴れの日は自転車を持って現われる。もちろん今日は自転車で、これ写真にとれませんかと云うと、尾崎博士が早速シャッターを切ったけれど、高いところだからうまくうつったかどうかは分らない。

その後、二、三度丁抹人の家庭へ招かれ、台所を見せてもらうとかならずこの平べったいアイロンの如き薬缶があった。四ヶ月の滞在中に坂田博士は丁抹人の神髄をつかんだのかもしれない。木工細工のお猿と鳴る薬缶――しかしどちらも日本にありそうな気もされる。私の荷物が届いた時、家の人たちは呆れるかもしれないが、二百四十円也の平べったい薬缶には、旅先のあたたかい友情がこもっている。それは未来のノーベル受賞候補者二人が提げて歩いて下すった貴重な薬缶で、私にとってそれはまた、永久に忘れがたい丁抹の一日でもあった。

『ヨーロッパ随筆』(寶文館、一九五五年)より
朝日新聞(一九五四年九月二十二日)初出

その頃のこと

亀淵 迪

亀淵迪は、若手の一人として、坂田教授、梅沢博臣助教授の外遊中、名古屋大学のE研を守った。日記に、亀フチ、亀などとしても登場。一九五六年から二年間ニールス・ボーア研に滞在。巻末の「執筆者プロフィール」参照。

一九五四年のコペンハーゲン訪問は、坂田先生にとって初の外遊であった。そのためか、学問の面でも観光の面からも、いろいろと興味深い体験をされ、旅行を十分に楽しまれたらしいことは、「日記」の示すとおりである。しかし、この間E研の留守番を務めていた者の眼から観るならば、この外遊こそは、坂田物理学にとって重大な転機となるものであった。以下の小文は、言わば、そのことへの一証言である。

まずは、当時のE研の模様から話を始めよう。現在の立派な建物からは想像もつかないかもしれないが、当時の物理教室は、D研を除き、いかにもみすぼらしい木造モルタルの二階建てバラック、その二棟の中に詰め込まれていた。床や廊下は板張りで、時折学生で下駄を履いてくる奴が居て、カラン・コロンといい音を響かせていた。一見、牧歌的でのどかな風景のようであるが、何分にも当時はなお戦後——衣・食・住には難渋し、とくに若者たちは絶えず空腹をかこっていた。ただし、こと研究に関しては、みな意気盛んであり、高い志を失うことはなかった。閑話休題。

バラックなので部屋数も十分ではなく、E研コロキュウムは坂田教授室で行われていた。出席者は十名前後であったから、これで十分間に合った。しかし困ったのは先生に掛ってくる電話である。当時先生は大学の内外で数々の要務についておられ、つねに研究以外の雑用を山のように抱えておられた。それは傍の眼からも気の毒なくらいであった。

そのようなわけで、コロキュウム中にも盛んに電話が掛ってくる。私たちはそれを無視して議論を続けていたが、先生はそうはゆかない。その度ごとに集中心は途切れたと思われる。電話が終ると「それで話はどうなりました?」と、私たちに尋ねられるのであった。おそらくコロキュウムで話題になっている問題を、その場で理解することは殆ど不可能だったのでは、と想像される。外遊は、まず、先生をこのような劣悪な研究環境から解放した。

こうして先生は、一転、理想的な研究場所を獲得——ボーア研究所滞在は僅か半年ほどであったが、この間に日頃の遅れを取り戻し、学問的な充電をたっぷりとなさったのだと思う。このことは、先生から折々にいただく手紙からも明らかであった。それのみか、私たち、とくに外遊前に先生と共同研究をしていた私を殊の外驚かせたのは、先生の学問的関心の在り処が徐々に変わりつつあるらしい、との事実であった。

外遊前には、先生および梅沢（博臣）氏とともに私は、「素粒子相互作用の構造」とか、朝永（振一郎）先生の「くりこみ理論」との関連から、素粒子の理論である「場の量子論の適用限界」の問題などに取り組んでいた。物事はかたちとなかみとから成るが、私たちの研究は理論のかたちに関するものであり、理論の大枠の如何を論じていたのであった。つまり私たちは、物理理論という言語の文法学者、あるいはフォーマリストだったわけである。

先生は、しかしながら、本来はフォーマリストではなく、リアリストだったと私は信じている。リアリストとは、理論のなかみ、すなわち、個々の具体的な素粒子現象そのものに興味を持つ人の謂であり、物理理論という言語の言わば文学者なのである。それではなぜ先生は、先述のようなフォーマルな問題を研究されていたのか。これには、しかし、次のような事情があった。

戦時中から戦後にかけて外国との交流はまったく途絶し、素粒子に関する新しい実験結果については知る術もなかった。このような状況においては、なかみではなくかたち、すなわち理論のフォーマルな基礎を勉強する以外に手はなかったのである。そしてこの状況が、そのまま、一九五四年まで続いていたのであった。つまり私たちの共同研究は、まだ戦後体制の中にあったわけである。

しかし世界の状況は変わってゆく。一九五〇年頃ともなると、欧米の物理もようやく活気を取り戻し、新しい実験的発見が相次ぐようになってくる。素粒子の物理でその最たるものが、「新粒子」、とくに「奇妙な粒子」の発見である。「奇妙な（strange）」というのは、素粒子反応で生成され易いのに、他の粒子には崩壊し難いという性質のことである。とにかく、奇妙な粒子や奇妙でない粒子が続々と発見されてゆく。素粒子を命名するのに、π《パイ》中間子とかμ《ミュー》粒子のように、ギリシャ文字を使う習わしがあったが、そのアルファベットでは足りなくなるような始末であった。

この「奇妙さ（strangeness）」について、いろいろと理論的説明が試みられたが、その中で中野（董夫）・西島（和彦）両氏、およびこれとは独立にアメリカのM・ゲルマンによって提案された、いわゆる「中野・西島・ゲルマン則（N・N・G則）」の考えが正しいらしいということが徐々に分ってくる。奇妙な粒子はS（＝±1, ±2,…）という新しい物理量をもっており、この量が素粒子の強い相互作用の際には保存する、とする説である。

坂田先生の外遊は、ちょうどこのような時期に当たっていた。ボーア研究所で十分な研究時間を得て、関連した諸問題の研究を開始されたと思われる。そしてE研への便りの中で先生は、徐々にN・N・G則の重要性を強調されるようになってゆく。

つまり先生は、ボーア研究所滞在中に、生来の本能に目覚め、フォーマリストからリアリストへの、言わば、羽化を開始されたと言える。おそらく先生は、N・N・G則というかたちの法則――あるいは先生の言葉を用いれば「形の論理」――を支える物質的な根拠は何かという問題、つまりは、この法則を先生のいわゆる「物（なかみ）の論理」として捉え直すことこそ、素粒子論における当面の最重要課題であると確信されたのであろう。これを要するに、外遊の最大の成果はフォーマリストからの羽化であり、十一月に帰国されたときに私たちの見たのは、完全に変身を遂げられたリアリストとしての姿であった。

その後のE研コロキュウムでは、数多くの新旧素粒子を系統的に理解するために、それらを数個の「基本粒子」から成る複合粒子として考えられないか、といった問題が盛んに議論されていた。

一九五五年秋のある朝、研究室に着くと、先生がニコニコしながら私を教授室に招き入れ、ポケットから手帳を取り出して私に示された。そこには、強い相互作用をもつ、いわゆる「ハドロン」族に属する粒子を、陽子P、中性子N、そしてΛ《ラムダ》粒子（S＝−1）およびそれらの反粒子$\bar{\mathrm{P}}$、$\bar{\mathrm{N}}$、$\bar{\Lambda}$（S＝1）から組み立てるという壮大な図式が記されていた。「坂田模型」の誕生である。ここでは神秘的な物理量Sに対して、Λや$\bar{\Lambda}$粒子の個数という物質的な裏付けが与えられている——形の論理から物の論理への転回は、こうして見事に達成された。

当時のE研では、人々は大抵午後から研究室に現れるのが普通だったから、この大発見を先生から最初に知らされたのは、この私だったに違いないと、いまでも堅く信じている。

当初この模型は、場の量子論での取り扱いが困難なため、半信半疑の人が多かった。しかし、一九五九年、池田（峰夫）、E研OBの小川（修三）、およびE研の大貫（義郎）の三氏が、これを数学的に処理する、いわゆる「I・O・O」の方法を発見する。これにより坂田模型は新展開を見せ、一躍世界の注目を浴びることとなる。この辺りの事情はあまりにも有名なので、これ以上の言及は不要であろう。周知のように、坂田模型はその後「クォーク模型」へと変貌し、さらにはノーベル賞の「小林・益川理論」へと繋がってゆく。

さて小文を結ぶにあたり、私は思うのである。もし――歴史にもしはないとされるが、しかし――もし、先生のボーア研究所滞在がなかったとしたら、あるいは坂田模型はこの世に存在しなかったかもしれない、と。少なくとも歴史は、いまとは大いに違ったものになっていたことであろう。くだんの外遊は、それゆえ、たんに先生にとってだけではなく、物理学史にとっても、一つの大きな事件だったと言える。

以上、坂田日記の刊行にあたり、それが書かれた当時の生き残り証人として、懐旧の一端を述べてみた。

編者解説

小沼通二

本書刊行の二〇一一年は、物理学者の坂田昌一（一九一一―一九七〇）の生誕百年にあたる。名古屋大学理学部物理学科の教授であった坂田は、一九五四年の四月末から十一月初めまでの半年間、デンマークのコペンハーゲン大学理論物理学研究所（現在のニールス・ボーア研究所）からの招待によって初めて海外に出て、ほとんどの期間同研究所に滞在し、あわせて二つの国際会議に出席し、いくつかのヨーロッパ諸国を訪ねた。本書は、この時の詳細な日記をまとめたものである。物理学好き、外国好き、歴史好き――。様々な関心を持つ多くの人が手にとって楽しく読める部分がたくさんある。

コペンハーゲンで坂田が滞在していたのは、ホテルやペンションではなく、個人の下宿であって、現地の人の間に入り込み、何年たってからも会いに行けるような関係を築いていた。週末だけでなく、ウイークデーにも夏休みにも積極的に各地を歩き回っている。ヨーロッパ各国の自然や文化についての記述も多い。クレジットカードもない時代の厳しいやりくりや、食事のメニューまでも書かれている。日本ではこの年、ビキニ水爆実験による第五福竜丸などの被曝があり、突如として原子力予算も出現した。そのような背景もあり、日本からは、坂田の元へ新聞の切り抜きなどがしばしば送られていた。これらについても記述することを忘れない。

公開を意図して書かれたものでないので、統一は取れていないないし省略も多い。編集にあたり、注を加え、関連する文書を収録し、読者の理解を助けることにした。

物理学者坂田昌一

坂田昌一は、一九一一年（明治四十四年）に東京で生まれた。名古屋大学理学部物理学科の創立にかかわり、素粒子論・原子核理論の教授を務め、定年以前の一九七〇年（昭和四十五年）に五十九歳で、病のため名古屋で永眠した（坂田の主な著作は、**文献一―四**に収録されている）。

学生時代は、京都帝国大学理学部物理学科で湯川秀樹（一九〇七―一九八一、日本で最初のノーベル賞受賞者）に師事し、卒業と同時に東京の理化学研究所で仁科芳雄（一八九〇―一九五一）と朝永振一郎（一九〇六―一九七九、日本で二人目のノーベル賞受賞者）の指導を受けて、原子核・素粒子の理論の研究を開始した。ちなみに仁科と坂田は姻戚関係にある（268ページの略系図参照）。翌一九三四年には大阪帝国大学の湯川の下に移り、湯川の中間子理論の最初の四論文のうちの一九三七年から翌年にかけての第二論文から第四論文までの共著者として理論の展開に協力した。

この理論を追いかけ競争する形で、ヨーロッパで多くの論文が出されたが、これらの研究者の中にコペンハーゲンのC・メラーとL・ローゼンフェルドがいた。

坂田は一九四二年に、中間子論の矛盾を解決することをめざし、谷川安孝との討議に基づいて、井上健の協力を得て二中間子論を提出した。この理論は、メラーとローゼンフェルドが一九四〇年に発表した「核力の場の理論について」の論文が契機となって作られたと坂田自身が回想しており、一九四七年になって実験で裏付けられ、一九四九年の湯川のノーベル賞受賞につながった。

一九四五年から翌年にかけて坂田は、原治、井上健、高木修二と協力してC中間子理論を展開、一九四八年には、梅沢博臣、河辺六男、山田英二、湯川二郎と協力して混合場理論の展開を始めた。この時に重要視した論文の中に、先に述べた一九四〇年のメラーとローゼンフェルドの論文と、彼らの指導を受けたS・ローゼンタールの「ベータ崩壊の理論」の論文もあった。坂田は彼らと一九五四年にコペンハーゲンで親交を結ぶことになる。

坂田が研究者としてさらに大きな飛躍を遂げるもととなったのが、一九五四年の半年にわたるデンマークのコペンハーゲン滞在だった。此の地にある、ニールス・ボーアが築いた理論物理学研究所には、世界中から傑出した才能が集まっていた。坂田は、帰国した翌年には「坂田模型」と呼ばれる素粒子論の重要なモデルを提唱した。初の外国生活の中で、ボーアたちと直接知り合ったことが大きな刺激となったのは間違いない。

コペンハーゲン滞在とそれ以後の坂田の研究については、本書の「その頃のこと」(亀淵迪)に詳しく述べられているので、そちらをご覧いただきたい。

コペンハーゲン大学理論物理学研究所からの招待

一九五三年九月、東京と京都で国際理論物理学会が日本学術会議の主催によって開催された。東京大学安田講堂での開会式ののち、参加者は京都に移動して専門ごとに三つの会場に分かれて報告・討論を続けた。この会議は第二次世界大戦後、日本で開かれた初めての大規模の国際的な学術会合だった。

海外からの参加者は、正式のプログラム参加以外に、日本各地の大学研究機関から招待されて講演・討論を行った。東京から京都への途中、名古屋大学を訪問したのは、本書にしばしば登場するメラーたちだった。メラーは九月十六日に名古屋大学で、「コペンハーゲン理論物理学研究所の歴史並びに現状」という講演を行った(文献五)。

坂田とメラーは初対面だったが、研究上では以前から深い接点を持っていた。坂田が、中間子論建設の少し前に湯川秀樹に協力して研究した、原子核による軌道電子の捕獲の問題は、独立にメラーも研究していたし、前項にも述べたようにメラーが、ローゼンフェルドと協力して展開した混合場の理論は、坂田に大きな示唆を与えたのだった。坂田たちは、メラーたちを長良川の鵜飼いに招待するなど親交を深めた。

坂田はメラーに、日本の研究者は、ニールス・ボーアの指導の下にあるコペンハーゲン大学理論物理学研究所が二十世紀前半の量子力学建設から原子核物理の展開の中で果たした重要な役割に畏敬の念を抱いてきたこと、一九五一年七月にコペンハーゲンで開催されたIUPAP（国際純粋・応用物理学連合、International Union of Pure and Applied Physics）の総会に、日本代表の一人として参加することになったが、出席できなかったことなどを語った。これについて、日本学術会議二十五年史は、「坂田昌一会員の出国に対し、GHQより、『好ましいとは考えない』ということで、出国できなかった」という記録を残している（文献六）。

日本が米国を中心にした連合国軍の占領下にあった当時は、海外渡航には日本政府だけでなく連合国軍総司令部（GHQ）の許可も必要だった。さらに国立大学教官の場合には、所属大学、文部省の許可も必要であって、渡航先も渡航期間も、渡航目的ごとに決められている公用旅券が発給された。外貨持ち出しの厳しい制限もあったが、これは講和条約発効後も十年以上続いた。海外旅行の自由化は一九六〇年代のことである。こういうわけで、一一五ページ編注に書いたこともあり、今では想像できないほど時間のかかる複雑な手続きが必要だったのである。

これらの事情があって、メラーはデンマークへの帰国後、ニールス・ボーアと連名で坂田を招待し、翌一九五四年の訪問が実現したのだった。

コペンハーゲン精神

「科学者の自由な楽園」という、朝永振一郎が理化学研究所仁科研究室について述べた言葉がある（文献七、八など）。ここでは所員が、自由な雰囲気の中で生き生きと研究を進めた様子が語られている。それだけではない。仁科は、一九三七年以来、大阪大学の湯川や坂田たちをしばしば理化学研究所に招き、中間子論を展開していた理論グループだけでなく、宇宙線中の中間子（今日のミュー粒子）を研究していた実験家との直接交流の場を用意した。これが元になって、一九四一年から一九四四年にかけての戦時中に、「中間子討論会」などと呼ばれた全国の素粒子・原子核理論研究者の自由な討論が続けられたのだった（文献九）。戦後、いち早く素粒子論グループが誕生し、共同利用研究所第一号として京都大学基礎物理学研究所が作られたのも、この延長線上にあった。

これらの研究スタイルは、ボーアの下に一九二三年から一九二八年までいた仁科がコペンハーゲンから持ち帰ったものだった。ボーアを慕って世界中から研究者が集まり、徹底的に討論し、ともに語り、ともに遊ぶという雰囲気を、ハイゼンベルクは「コペンハーゲン精神」と名付けた。精神というと堅苦しいが、一九五六年から五八年にかけて、坂田の推薦によってボーア研究所に滞在した亀淵は、「ボーア研究所という特異な小社会に固有な文化」と名付けて生き生きと描写し（文献一〇）、一九二六年から二七年にかけて滞在した堀健夫は「協力の精神、形式ばらない自由な討議、しかもユーモアに裏打ちされた傾倒の精神」と表現している（文献一一）。この様子は、本書の隅々にまでかもし出されている。

ボーアと彼の研究所については、文献一二〜一四などを見ていただきたい。

しかし一方で、この研究所は明るい歴史だけを持っていたわけではない。ナチスドイツの占領下にあったコペンハーゲンを一九四一年九月にハイゼンベルクが訪問して、ボーアに会った時に二人の関係はほとんど修復できないまでにこじれてしまった。この会見を題材にして作られ、トニー賞を受賞した演劇「コペンハーゲン」（文献一五）を巡り、双方の遺族がそれぞれの資料を公開したが、依然、訪問の目的と対話の内容は霧に包まれたままである（文献一六、一七）。

IUPAP総会とグラスゴー国際原子核物理学会議

坂田は、七月七日から十日までロンドンで開催されたIUPAPの第八回総会に日本代表として出席し、ひき続いて十三日から十七日までグラスゴーで開催された原子核物理学国際会議に参加した。

IUPAPは、一九二二年にブリュッセルで開かれた国際学術研究会議（International Research Council）に出席していた各国の物理学者が、物理学の国際協力を進める方策を議論する中で設立することを決定したものである。日本を含む十三か国がすぐに加盟を申し出た。そこで日本の長岡半太郎を含む十名の執行委員会が組織され、目的、規約、活動内容などの検討を開始した。第一回総会は翌年パリで開催され、日本からは田中館愛橘が出席した。

ＩＵＰＡＰには、加盟国の状況に応じて、物理学会、アカデミーなどがメンバーとして登録されている。日本からは、日本学術会議の発足後は同会議が加盟し、その中の物理学研究連絡委員会が具体的対応を担当している。総会は、発足直後を除き三年に一度開かれてきた。これまでに欧米以外では、奈良（第二十一回、一九九三年）、筑波（第二十六回、二〇〇八年）で総会が開かれ、会長には、日本から山口嘉夫（一九九三―九六年）と潮田資勝（二〇〇八―一一年）が就任している。

具体的には、総会が設置を決めた物理の分野ごとの委員会と、教育、発展途上国問題、ジェンダーなどの委員会がそれぞれの活動を行っている。一九五四年の総会で、小谷正雄（東大）が出席したＳＵＮ委員会は今日ではＳＵＮＡＭＣＯ（International Commission on Symbols, Units, Nomenclature, Atomic Masses and Fundamental Constants）に発展している。

ちなみに、ＩＵＰＡＣ（国際純粋・応用化学連合）は、発見が続いている超ウラン元素の発見者を確認し、発見者に元素名の提案権を与え、元素名の決定を行っている。

先に述べた一九五三年の国際理論物理学会議は、小谷が出席した一九五一年のＩＵＰＡＰ総会で開催が決まり、日本学術会議が、ＩＵＰＡＰのために主催するというかたちで開催された。

一九五四年総会には、日本学術会議から、小谷を代表団長として、坂田と武藤俊之助（東大）合わせて三人が日本代表として指名されたのだった。

総会の議題の中では、新たに設立されたCERNとの協力強化が議論され、一九五五年に開催する国際会議が決められた(文献一八)。その一つは、坂田が日本への手紙に書いたイタリアのピサでの素粒子物理学の会議だった(111ページ)。

坂田は、総会終了後グラスゴーの会議に向かったのだが、この会議は、IUPAPが総会に合わせて企画した二つの会議の一つだった。

グラスゴーの会議は、正式には「原子核並びに中間子物理学国際会議」と題され、グラスゴー大学自然哲学教室が運営に当たった(物理学のことを昔は自然哲学といった。今でもこの伝統が維持されているところがある)。

テーマとおもな講演者は、

核力と核子散乱 (H. S. W. Massey, R. E. Marshak, N. F. Ramsey, J. Rotblat)

原子核データと原子核モデル (J. A. Wheeler, D. H. Wilkinson, B. H. Flowers, A. Bohr, G. Racah, H. A. Tolhoek, A. de Shalit, V. F. Weisskopf)

光子による原子核崩壊 (D. H. Wilkinson)

ベータ崩壊とガンマ崩壊 (K. D. Siegbahn, C. S. Wu)

パイ中間子 (H. A. Bethe, F. J. Dyson, M. Gell-Mann, G. Araki, M. Cini)

場の理論 (W. Heisenberg, R. E. Peierls, L. A. Radicati)

高エネルギー実験技術（M. S. Livingston, R. R. Wilson, G. Bernardini, J. Steinberger）

重中間子とハイペロン（C. C. Butler, A. M. Thorndike, L. Leprince-Ringuet, S. Watanabe, A. Pais）

であった（文献一九）。

森田たまとの出会い

随筆家の森田たま（一八九四―一九七〇）は、一九五四年六月九日に日本を出て、六月二十日から二十六日までにアムステルダムで開催された国際ペン大会に日本ペンクラブ代表として出席し、十一月十四日に帰国するまでヨーロッパ諸国を回った。これは森田にとって初めてのヨーロッパだった。この時の日記風の自筆ノートが三千部限定版の『私のノート―雲の上の散歩』（文献二〇）として出版され、旅行中と帰国後に書いた随筆を集めた『ヨーロッパ随筆』（文献二一）も刊行された。これらの中には坂田のことがいろいろ興味深く書かれている。

デンマークには七月十日から八月五日までと八月十五日から九月三日まで滞在した。本人は、「ものの言えず、きこえぬ自分は、ただ見るだけ」で、行く先々で日本語を話す人に世話になったと書いている（文献二一）。しかし、これらの著作からは、かなり積極的に見聞を広げたことが読み取れる。坂田は、森田が思ったより英語ができると信子夫人に書き送っている（142ページ）。

坂田と森田の出会いは、信子夫人から坂田への手紙から始まった。森田の出発前の五月二十八日の手紙で、ペンクラブの森田がヨーロッパに行き、アンデルセンの国に一番長くいたいといっている、機会があったら会っておいてほしいと依頼した。坂田は、六月十日に信子夫人に、「丁抹には時々種々の人が来るようですが、SASの事務所に行っても旅客名簿がないため、誰が着いてどこにいるのか、さっぱりわかりません。森田たまさんのこと、そちらでわかったら知らせてください。ブロンステズさんも会いたいといっていますから。」と書いた。

坂田は八月十七日に初めて森田に会い、二十五日に再び会う。この時の様子は、日記のほかに、十九日と二十七日の信子夫人への報告に残されている（141ページと151ページ）。二十五日から九月三日までは毎日森田に会い、森田が訪問するところに道案内を兼ねて同行している。

このうち、二十六日の日記には、「尾崎氏とともに森田氏のところに行きショッピングに出かける。マガザン・デュ・ノルド、イルムなどで人形、ヤカン、その他を買う。」と書かれている。これが随筆家森田によると、ほほえましい「薬缶を買う話」（236ページ）となる。この文章は、『ヨーロッパ随筆』に収録されているが、この本の「二度目のロンドン」、「口ぶえ」にも坂田が登場する。「蝶々夫人」余記」には、坂田も参加するローマでの一夕に関係する話が書かれている。『私のノート―雲の上の散歩』には、コペンハーゲンをたつ前に坂田に贈った即興詩「丁抹別辞」（233ページ）に続く九月一日から三日までの日記に坂田日記を補完する記録がある。

特に一日には、ブロンステズ家で、「夫人がスケッチはじめると旦那さんもエルンスト・ハンセン氏もはじめる。帰りかけると、ハンセン氏が本をくれるというので、ハンセン氏の家へよる。五分ほどだと云ったが、二十分ぐらい歩かせられた。本三冊、スケッチ、版画などくれる。彼は北斎のちいさな版画二枚持っていて、自分は北斎から学んだと云う。ゴチャゴチャの中から何か出してくるところ武者小路さんと何となく似ている。坂田博士おつきあいでお気の毒。」と書かれている。

坂田は、十月二十九日にローマにつき、十一月三日にここから帰国の途につくのだが、森田に再会したことが、十月二十九日から十一月二日にかけて書かれている。

森田は九月初めにベルリンで、一九三〇年からヨーロッパで声楽家、オペラ歌手として活躍し、映画にも出演している田中路子（一九〇九—一九八八）の世話になった。田中は、日伊合作映画「蝶々夫人」に、蝶々夫人の小間使いスズキとして出演するために十月にローマに行った。蝶々夫人は、当時宝塚歌劇団に所属していた八千草薫（坂田日記の十月三十日には本名ひとみで登場）が演じ、撮影は十月から十二月まで行われた。ここで森田は田中と再会し、八千草とも、同じホテルで仲良くなった。十月三十日に山下貢一等書記官のお宅でご馳走してくれることになったところに、前日坂田がローマにつき、参加したという次第だった。

この映画は、日本では一九五五年六月三日に東京の有楽座で公開（文献二二）され、文部省選定、優秀映画鑑賞会推薦映画として成功を収めた。

本書誕生の経過

坂田は、一九五四年の滞欧中に詳細な日記を書き、家族と大量の書簡を交換した。信子夫人は、坂田の没後この記録を残すことを考えて整理され、往復書簡を入力したファイルを作られた。夫人の没後、日記のコピーを発見された次女の千鶴子さんは、日記を入力された。

坂田生誕百年の二〇一一年が近づくにつれ、この記録を出版することを希望された遺族は、周囲に相談され、最終的に坂田昌一コペンハーゲン日記刊行会（代表益川敏英）が組織され、本書の刊行が実現されるに至った。編集にあたっては、坂田家提供の資料と共に、名古屋大学理学部物理学教室坂田記念史料室（SMAL）に所蔵されている史料の内容も反映された。

私は、一九五八年初めに日本学術会議の原子核特別委員会委員長の坂田先生から幹事として協力するようにご依頼を受け、先生がお亡くなりになるまでお近くにいた。そのため、この出版計画に協力を求められて、刊行会に参加したのだが、編集部会長をお引き受けすることになった。それ以来刊行に至るまで、先生と一緒に一九五四年のコペンハーゲンを詳しく体験する思いにめぐまれた。これまでコペンハーゲンのボーア研究所を訪問する機会は何度もあったが、いつも短期間だったので、得難い経験をさせていただいた。

編集部会では、西谷正氏の献身的な努力とデンマーク滞在経験のある大林治夫氏の貢献が不可欠だった。大貫義郎氏と編集顧問の亀淵迪氏は日記に登場する物理学者などの確認に協力してくれた。さらに亀淵迪氏の全般に亘る有益な助言が貴重だった。ニールス・ボーア研究所ニールス・ボーア・アーカイブのポア（Felicity Pors）氏は、これまで知らなかった資料の発掘や当時の資料の出典の確認に協力してくれた。スウェーデン王立科学アカデミー科学史センターのアーキビストであり、IUPAPのアーキビストでもあるアスプ（Maria Asp）氏は、一九五四年のIUPAP総会の記録を送ってくれた。デンマークの地名、人名の発音、カタカナ表記という困難な作業には、コペンハーゲン出身で長年京都に在住する、私の友人ビスゴー（Søren M. Chr. Bisgaard）氏が多大な貢献をしてくれた。ここに記して謝意を表したい。

刊行のための資金計画は、名古屋大学同窓会が多大の出版助成を認めてくださったことと、多くの出版計画支援者の賛同拠金が不可欠だった。

最後になったが、刊行会事務局（事務局長棚橋誠治）の吉川直志氏の三月末までの熱心な協力と、このように楽しい書物を作成してくれた株式会社ナノオプトニクス・エナジー、特に出版局の松井文氏の終始変わらぬ熱意と実行力に心から感謝したい。

参考文献

一　坂田昌一『科学と平和の創造―原子科学者の記録―』岩波書店、一九六三年
二　坂田昌一『物理学と方法　論集1』岩波書店、一九七二年
三　坂田昌一『科学者と社会　論集2』岩波書店、一九七二年

四　*Shoichi Sakata Scientific Works*, Publishing Committee of Scientific Papers of Prof. Shoichi Sakata, 1977.
五　C・メラー（豊田利幸訳）「コペンハーゲン理論物理学研究所の歴史並びに現状」：「自然」一九五三年十二月号、四二ページ
六　『日本学術会議二十五年史』日本学術会議、一九七四年、三八ページ
七　朝永振一郎「科学者の自由な楽園」：「文藝春秋」一九六〇年十一月号（『朝永振一郎著作集一　鳥獣戯画』などに収録）
八　（演劇）マキノノゾミ「東京原子核クラブ」（脚本は『マキノノゾミ戯曲集―東京原子核クラブ・フユヒコ』小学館、一九九九年）
九　河辺六男・小沼通二「中間子論の誕生」：「日本物理学会誌」三十七巻四号、一九八二年、二六五ページ
一〇　亀淵迪「ニールス・ボーア先生のこと（一）〜（五）」：「図書」岩波書店、二〇〇五年六、七、九、十、十一月号。（二）が「コペンハーゲン精神」
一一　堀健夫「ボーア・グループとコペンハーゲン精神」：「無限大」八十五号、IBM、一九九〇年（玉木英彦・江沢洋編『仁科芳雄』みすず書房、一九九一年に収録）
一二　S・ローゼンタール編（豊田利幸訳）『ニールス・ボーア』岩波書店、一九七〇年
一三　P. Robertson, *The Early Years : The Niels Bohr Institute 1921-1030*, Akademisk Forlag, 1979.
一四　A・パイス（西尾成子・今野宏之・山口雄人訳）『ニールス・ボーアの時代1　物理学・哲学・国家』み

すず書房、二〇〇七年（A. Pais, *Niels Bohr's Times, in Physics, Philosophy, and Policy*, Clarendon Press, 1991. の前半の訳。後半は未刊）

一五　（演劇）M・フレイン『コペンハーゲン』（脚本はM・フレイン、小田島恒志訳『コペンハーゲン』劇書房、二〇〇一年）

一六　http://nba.nbi.dk/papers/introduction.htm

一七　http://www.aip.org/history/heisenberg/bohr-heisenberg-meeting.htm

一八　International Union of Pure and Applied Physics. Position at 1st November 1954. Report of the Eighth General Assembly.

一九　*The Proceedings of the 1954 Glasgow Conference on Nuclear & Meson Physics*, Pergamon Press, 1955.

二〇　森田たま『私のノート—雲の上の散歩』ひまわり社、一九五五年

二一　森田たま『ヨーロッパ随筆』寶文館、一九五五年

二二　日伊合作オペラ映画「蝶々夫人」（DVD『オペラ名作鑑賞8』世界文化社、二〇〇九年）

重版時追記　本書刊行と同時期に次の二冊が出版された。

西谷正『坂田昌一の生涯—科学と平和の創造』鳥影社、二〇一一年

坂田昌一著、樫本喜一編『原子力をめぐる科学者の社会的責任』岩波書店、二〇一一年

参考資料

坂田昌一略歴

一九一一年　一月十八日、内閣総理大臣秘書官坂田幹太と佳津江の長男として、首相官邸秘書官官舎で生まれ、首相桂太郎によって昌一と名付けられる。
一九二六年　甲南高等学校理科乙類に進学。在学中に石原純と文通する。エスペラント・クラブを通じて加藤正と知合い、エンゲルスの「自然弁証法」を知る。
一九三〇年　京都帝国大学理学部物理学科に入学。
一九三一年　京大で特別講義を行った母方遠縁の仁科芳雄に湯川秀樹・朝永振一郎を紹介される。
一九三三年　京都帝国大学理学部物理学科卒業。理化学研究所仁科研究室研究員。仁科・朝永と共同研究。
一九三四年　大阪帝国大学理学部助手。湯川と中間子論の研究。
一九三九年　湯川の転任に伴い京都大学に移る。東大医学部教授柿内三郎と田鶴子の次女信子と結婚。
一九四二年　「二中間子論」提唱（坂田昌一、井上健、谷川安孝）。
名古屋帝国大学理学部教授。
一九四五年　戦時中の研究室の疎開先でバナールの『科学の社会的機能』の原書を深く読み込む。
一九四六年　新しい研究体制をささえる名古屋大学物理学教室憲章制定の中心的役割を果たす。
一九四九年　日本学術会議（第一期）会員、以後死去まで同会員。

一九五〇年　「二中間子仮説の提唱」により日本学士院賞（恩賜賞）受賞。
一九五四年　コペンハーゲン大学理論物理学研究所（現ニールス・ボーア研究所）に半年間滞在。
一九五五年　素粒子の複合模型「坂田模型」を提唱。
一九五七年　日本学術会議原子力問題委員会委員長、同原子核特別委員会委員長。
一九五八年　キッツビューエルおよびウィーンにおける第三回パグウォッシュ会議出席のため渡欧。帰途、約一週間コペンハーゲンを訪れる。
一九六二年　湯川秀樹、朝永振一郎とともに日本版パグウォッシュ会議を主催。以後この会議を「科学者京都会議」と名づける。
一九六四年　北京科学シンポジウム日本代表団団長として中国訪問。
一九六六年　名古屋大学理学部長に就任。一九六九年十二月三十一日までその任にあたる。
一九六七年　ソルヴェイ会議に出席のため信子夫人と渡欧。会議前後にコペンハーゲン訪問。
一九七〇年　十月十六日、多発性骨髄腫により死去。

坂田昌一　デンマーク関係著作リスト

「デンマークのメラー博士―国際理論物理学会議にむかえて」　毎日新聞一九五三年九月七日掲載

「原子力委のない原子王国―コペンハーゲンにて―」　京都新聞一九五四年六月二十八日掲載（ほかに河北新報、北国新聞など。共同通信社へ寄稿した原稿が日記中に書かれている。69ページ参照）

「海外通信、坂田より武谷〔三男〕へ　七月二十日　バーミンガムにて」：「素粒子論研究」第六巻第十二号一四一六ページ、一九五四年九月

「海外通信、坂田から湯川〔秀樹〕へ　七月二十五日　ロンドンにて」：「素粒子論研究」第六巻第十二号一四一八ページ、一九五四年九月（『科学者と社会』岩波書店、一九七二年に収録）

座談会「原子力と国際政治」　毎日新聞東京版・縮刷版一九五四年八月五・六日掲載（本書所収。中部版は「原子力と国際平和」一九五四年八月六日掲載）

「海外通信、坂田より谷川〔安孝〕へ　八月八日　コペンハーゲンにて」：「素粒子論研究」第七巻第一号九十五ページ、一九五四年九月

「デンマークとボーア博士―全国民から尊敬されている人」　毎日新聞一九五四年九月二十一日・二十五日掲載（『科学と平和の創造』岩波書店、一九六三年に収録、本書所収）

「ボーア博士の横顔」　毎日新聞一九五四年九月二十三日、前項記事と同じ内容。別の地域版。

「ハムレットの城」　掲載新聞名、掲載日不詳

「おとぎと科学の国デンマーク」　毎日新聞一九五四年十一月二十一日掲載
「ヨーロッパを旅して」　朝日新聞一九五四年十二月六日掲載
「世界の大学・コペンハーゲン・オーフースの両大学」　毎日新聞一九五四年十二月十二日掲載
「科学者の社会的自覚」　河北新報一九五五年一月二十六日掲載（『科学者と社会』岩波書店、一九七二年に収録）
「アンデルセンの国を旅して」：「図書」一九五五年二月号（岩波書店）掲載（『科学と平和の創造』岩波書店、一九六三年に収録、本書所収）
「アンデルセン生誕百五十年の記念行事　丁抹では国の予算で行事」　朝日新聞一九五五年三月五日掲載
「北欧に旅して」：「名古屋交通安全協会会報」一九五五年立春号掲載
「アンデルセンは生きている　町中に彼のおもかげ　故郷の町オーデンセ」（談話）（掲載紙不詳）一九五五年三月三十一日掲載
「ヨーロッパを旅して―CERNと北欧の原子核研究」：「科学」一九五五年五月号掲載
「アンデルセンの国デンマーク」：「婦人之友」一九五五年五月号掲載
「デンマーク」（写真の説明）『世界文化地理大系　第十四巻　北欧』平凡社、一九五五年五月三十日（本書所収）
「ボーア先生の周辺」：「自然」一九五六年二月号掲載（『科学と平和の創造』（岩波書店、一九六三年）に収録）
「ボーア先生をおもう」　朝日新聞一九六二年十一月二十一日掲載
「第十四回ソルヴェイ会議の想い出」：「学士会会報」一九七〇年Ⅳ号（一九七〇年十月）、（『科学者と社会』岩波書店、一九七二年に収録、本書所収）

坂田昌一日記関連略系図

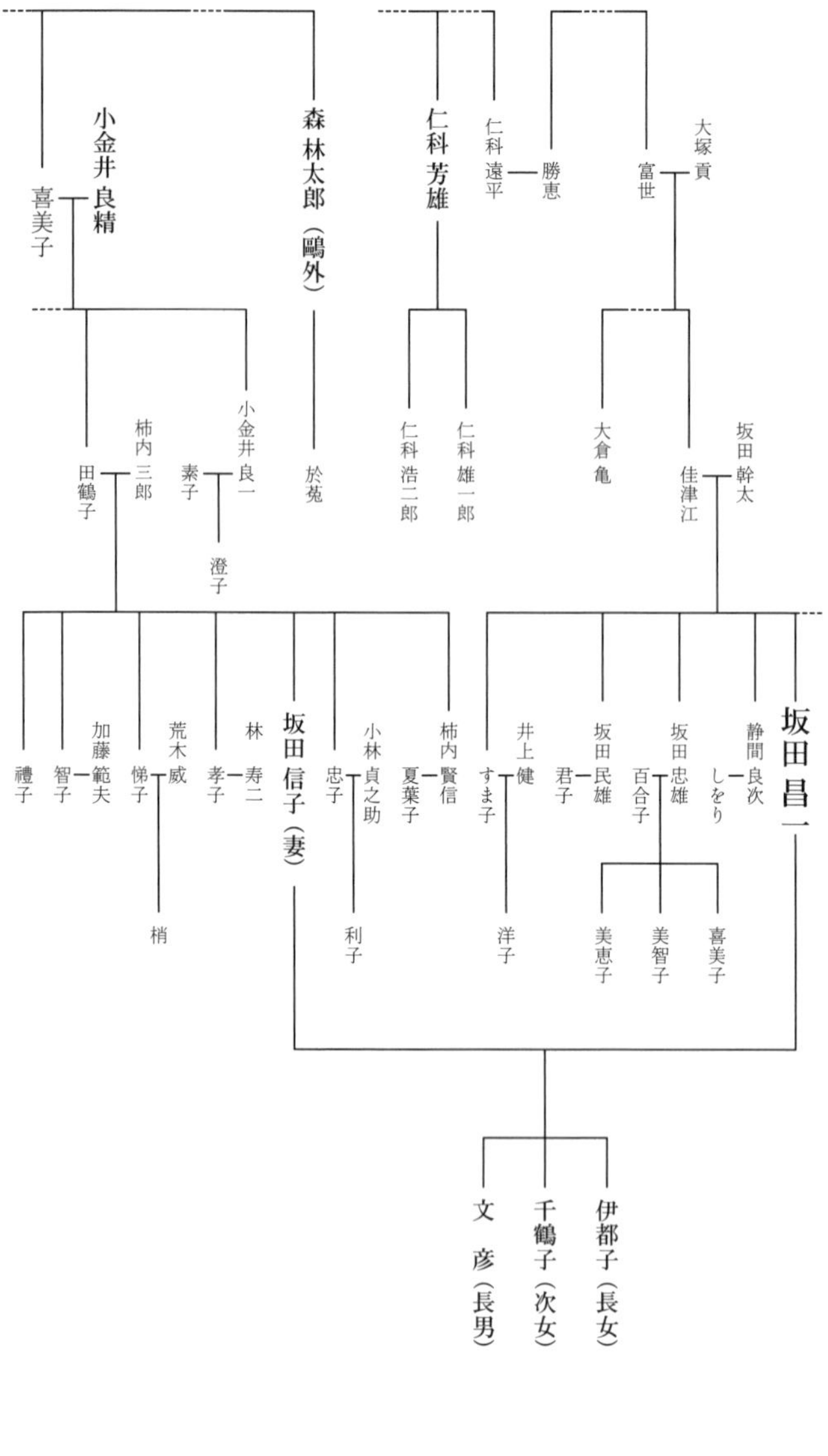

日記関連のできごと

一九五三年

九月　国際理論物理学会　東京・京都で開催　C・メラーたちが名古屋大学で講演
十二月　八日　アイゼンハワー米大統領　国連で「平和のための原子力」演説

一九五四年

二月二十二日　政治的中立に関する教育二法案国会提出
三月　一日　米国、ビキニ環礁で水爆実験、危険区域外の第五福竜丸被曝
三月　二日　保守3党、原子炉建造費補助を含む予算修正案を突如提出（一か月後に可決成立）
三月　十四日　第五福竜丸静岡県焼津に帰港（十六日に読売新聞が被曝をスクープ）
四月　十二日　米原子力委員会、オッペンハイマーの聴聞会開始（五月六日まで）
四月　十七日　世界平和者会議名古屋大会開催
四月二十三日　日本学術会議第一七回総会、「原子兵器の廃棄と原子力の有効な国際管理の確立を望む声

明」（英文）と「原子力の研究と利用に関し公開、民主、自主の原則を要求する声明」（原子力平和利用三原則）を決定

四月二十八日　坂田、羽田から夜デンマークへ出発
五月　十一日　内閣に原子力利用準備調査会設置を閣議決定
五月二十四日　坂田、日本における最近の理論研究についてコロキュウムで話す
五月二十七日　米原子力委員会、オッペンハイマーを危険人物と認定
六月　　三日　教育二法、参議院で修正、衆議院で修正同意の後公布
六月　　九日　防衛庁設置法・自衛隊法各公布（七月一日自衛隊発足）
六月二十七日　ソ連で世界初の原子力発電所始動
七月　　五日　坂田、イギリス、フランス、ドイツ旅行に出発（八月六日デンマークに戻る）
七月　　八日　坂田、ロンドンで開催されたＩＵＰＡＰ総会に出席（〜十日まで）
七月　十三日　坂田、一九五四年原子核および中間子物理学グラスゴー会議に出席（〜十七日まで）
七月二十四日　坂田・菊池正士・加藤周一、ロンドンで毎日新聞座談会「原子力と国際政治」
八月　十七日　坂田、森田たまと会う
十月　十五日　坂田、スウェーデン旅行（十八日デンマークに戻る）
十月二十二日　坂田、デンマークから、ドイツ、スイス、イタリアを経由する帰国の途へ
十一月　六日　坂田、帰国

登場主要人名録（姓名のあとの年号は生没年。坂田昌一の生没年は、一九一一―一九七〇）

ボーア、オーエ (Bohr, Aage Niels) 一九二二―二〇〇九
デンマークの原子核物理学者、父はニールス・ボーア。モッテルソンと共同して原子核の模型を提唱。父の死後ニールス・ボーア研究所長。一九七五年ノーベル物理学賞受賞。

ボーア、ニールス (Bohr, Niels Henrik David) 一八八五―一九六二
デンマークの理論物理学者。原子物理学の父と呼ばれる。量子力学の建設に大きな影響を与えた。コペンハーゲン大学理論物理学研究所長。一九二二年ノーベル物理学賞受賞。

ボップ (Bopp, Fritz) 一九〇九―一九八七
ドイツの理論物理学者。核理論および場の量子論の展開に貢献。ミュンヘン大学教授。一九五三年国際理論物理学会出席のため来日。坂田と親交があった。

ブロンステズ、クヌト及びレギッツェ(Brøndsted, Knud and Regitze)
坂田が五月から七月まで下宿した家の夫妻。夫のクヌト(一八八七—一九六七)は彫刻家、妻のレギッツェ(一八九一—一九七二)は画家。坂田は終生つきあいを続けた。クヌトの弟ホルガー(Brøndsted , Holger V.)(一八九三—一九七七)は生物学者で、一九五四年当時のコペンハーゲン大学理学部長、その妻アグネス(Agnes)(一九七二年没)はレギッツェの妹。

ハイゼンベルク(Heisenberg, Werner)一九〇一—一九七六
ドイツの理論物理学者。量子力学創始者の一人。一九二五年量子力学の基本法則を発見。一九五四年当時はミュンヘンのマクス・プランク物理学研究所長。一九三二年ノーベル物理学賞受賞。

ハイトラー(Heitler, Walter)一九〇四—一九八一
ドイツ出身の理論物理学者。量子電磁力学、場の量子論、量子化学などの諸分野で貢献した。一九五三年国際理論物理学会出席のため来日。一九五四年当時はチューリッヒ大学教授。

インフェルト(Infeld, Leopold)一八九八—一九六八
ポーランドの理論物理学者。場の理論、一般相対性理論の発展に貢献。平和活動家としても知られる。アインシュタインと共著の『物理学はいかに創られたか』は広く読まれた。

メラー (Møller, Christian) 一九〇四—一九八〇
デンマークの化学者・理論物理学者。ヨーロッパで早くから中間子論を研究。一九五三年国際理論物理学会に出席のため来日、これが坂田をコペンハーゲンに招く契機となった。

モッテルソン (Mottelson, Ben Roy) 一九二六—
米国出身、デンマークの原子核物理学者。オーエ・ボーアとともに行った原子核模型の研究は著名。一九七五年ノーベル物理学賞受賞。

パウリ (Pauli, Wolfgang Ernst) 一九〇〇—一九五八
オーストリアの理論物理学者。量子力学の建設に寄与。また質量がほとんどゼロの粒子ニュートリノの存在を予言した。一九五四年当時はチューリッヒ工科大学教授。一九四五年ノーベル物理学賞受賞。

ローゼンフェルド (Rosenfeld, Léon) 一九〇四—一九七四
ベルギーの理論物理学者。ニールス・ボーアの共同研究者の一人。核物理学および量子電磁力学の発展に貢献した。一九五四年にはマンチェスター大学教授。

ローゼンタール (Rozental, Stefan)　一九〇三―一九九四
ポーランド出身の理論物理学者。一九三八年デンマークに移り、一九四〇年以来ニールス・ボーアの下で、理論物理学研究所の運営とその研究活動を支えた。

梅沢博臣　一九二四―一九九五
日本・カナダの理論物理学者。名古屋大学工学部出身。東大、ナポリ大、ウイスコンシン大ミルウォーキー校、アルバータ大（カナダ）教授を歴任。場の量子論の発展に貢献。一九五四年当時は坂田の下で名古屋大学理学部助教授であり、マンチェスター大客員研究員。

加藤周一　一九一九―二〇〇八
医学者から評論家になる。一九五四年当時は医学留学生としてパリ、ロンドンにおり、血液学の研究に携わっていた。一九五八年以降は医学から離れて、日本国内にとどまらず文化・文芸・社会問題の評論家活動を展開。憲法擁護を唱える九条の会メンバー。

菊池正士　一九〇二―一九七四
実験物理学者。理化学研究所で電子の波動性を示す電子線回折実験に成功。大阪大学教授として早くから原子核実験を進めた。東大原子核研究所長、原子力研究所理事長、東京理科大学長などを歴任。

武谷三男　一九一一―二〇〇〇

理論物理学者。湯川秀樹の中間子論建設に協力。湯川・朝永・坂田とともに素粒子論グループの指導者の一人。一九五三年から立教大学教授。思想家としても活躍。原水爆、原子力開発を批判。坂田とは生涯の親友。

朝永振一郎　一九〇六―一九七九

理論物理学者。原子核・素粒子を研究。くりこみ理論を建設。東京教育大学学長、日本学術会議会長。核兵器廃絶をめざし、パグウォッシュ会議・科学者京都会議で活動。一九六五年ノーベル物理学賞受賞。

森田たま　一八九四―一九七〇

女性の随筆家の草分け。一九五四年六月、アムステルダムで開かれた国際ペン大会に日本代表として参加、夏から秋までデンマークを含む欧州各地を訪問。参議院議員を一期務めた。

湯浅年子　一九〇九―一九八〇

日本女性最初の原子核物理学者（東京女高師出身）。大戦中および戦後にジョリオ・キュリー夫妻のもとで原子核実験を推進。パリを訪れる日本人で湯浅の世話になった人は数知れない。日仏原子核共同研究に尽力。一九五四年当時はコレージュ・ド・フランス物理化学研究所研究員。

湯川秀樹　一九〇七―一九八一

理論物理学者。核力の中間子論を建設。京都大学基礎物理学研究所長。核兵器と戦争の廃絶を目指したラッセル・アインシュタイン宣言の署名者。パグウォッシュ会議に参加。朝永・坂田とともに科学者京都会議を創った。世界連邦主義者世界協会（WAWF）会長。坂田は湯川の最初の学生であり、最初の協力者。一九四九年ノーベル物理学賞受賞。

登場人物名のローマ字表記とカタカナ表記の対応は一義的でないので、この登場主要人名録に取り上げなかった人も含めた登場人物リストを、名古屋大学大学院理学研究科物理学教室坂田記念史料室のウエブサイトに「坂田昌一コペンハーゲン日記―ボーアとアンデルセンの国で―」登場人物リストとして、準備が整い次第掲載する。

http://www.eken.phys.nagoya-u.ac.jp/introduction/sakata/

執筆者プロフィール

益川敏英（ますかわとしひで）

一九四〇年名古屋市生まれ。名古屋大学大学院修了。専門は素粒子理論、理学博士。名古屋大学素粒子宇宙起源研究機構長、京都産業大学益川塾塾頭、京都大学名誉教授、日本学士院会員。仁科記念賞、日本学士院賞、二〇〇八年ノーベル物理学賞、文化勲章。著書に『パリティブックス　いま、もう一つの素粒子論入門』（丸善）他。

小林　誠（こばやしまこと）

一九四四年名古屋市生まれ。名古屋大学大学院修了。専門は素粒子理論、理学博士。日本学術振興会理事、高エネルギー加速器研究機構特別栄誉教授、名古屋大学特別教授、日本学士院会員、仁科記念財団理事長。仁科記念賞、日本学士院賞、二〇〇八年ノーベル物理学賞、文化勲章。著書に『消えた反物質』（講談社ブルーバックス）他。

亀淵　迪（かめふちすすむ）

一九二七年石川県生まれ。名古屋大理学部卒業。専門は場の量子論、理学博士。E研にて七年間修行ののち、ニールス・ボーア研究所、ロンドン大学、東京教育大学、筑波大学を経て、筑波大学名誉教授。元国際時間学会評議員。素粒子メダル受賞。著書に『物理法則対話』（岩波書店）、訳書にグレゴリー『物理と実在』（丸善）他。

小沼通二（こぬまみちじ）

一九三一年東京生まれ。東京大学大学院修了。専門は素粒子理論、理学博士。神奈川歯科大学理事、慶應義塾大学名誉教授、武蔵工業大学名誉教授。日本学術会議原子核特別委員会委員長、日本物理学会会長、パグウォッシュ会議評議員など。素粒子メダル功労賞受賞。著書に坂田昌一論集『物理学と方法』、『科学者と社会』共編（岩波書店）他。

坂田昌一コペンハーゲン日記刊行会

益川 敏英（代表）

青木　 健（刊行部会長）

大貫 義郎

大林 治夫

勝木　 渥

國枝 秀世

小沼 通二（編集部会長）

小林　 誠

佐藤 修二

沢田 昭二

三田 一郎

杉山　 直

棚橋 誠治（事務局長）

西谷　 正

藤原　 洋

山脇 幸一

吉川 直志

Morris Low

顧問
亀淵　 迪

Printed in Japan

坂田昌一 コペンハーゲン日記 ——ボーアとアンデルセンの国で——

二〇一一年一一月一日 初版第一刷発行
二〇一二年 二月 一日 初版第二刷発行

著 者 坂田昌一
編 者 坂田昌一コペンハーゲン日記刊行会
発行者 藤原 洋
発行所 株式会社ナノオプトニクス・エナジー出版局
〒一四一―〇〇三一 東京都品川区西五反田一―一八―九 五反田NTビル五階
電話 〇三（六四三一）七八一七 FAX 〇三（六四三一）七八五一
e-mail nano-opt-pub@nano-opt.jp
発売所 株式会社近代科学社
〒一六二―〇八四三 東京都新宿区市谷田町二―七―一五
電話 〇三（三二六〇）六一六一 振替 00160-5-7625
http://www.kindaikagaku.co.jp
印 刷 藤原印刷株式会社
デザイン 菊池周二

●本書に関するご意見・ご感想をナノオプトニクス・エナジー出版局にぜひお寄せください。
●造本には十分注意しておりますが、印刷、製本など製造上の不備がございましたら近代科学社までご連絡ください。

ISBN 978-4-7649-5522-6
定価はカバーに表示してあります。